정신분석이
감정과 신앙을 말하다

# 정신분석이 감정과 신앙을 말하다

**1판 1쇄 인쇄** 2021년 10월 20일
　**2쇄 발행** 2022년 12월 20일

**지은이** 변상규
**펴낸이** 오형선

**펴낸곳** 돌아온탕자
**출판등록** 2009년 5월 1일 제25100-2009-000027
**주소** 세종특별자치시 한누리대로 237, 3층 12호
**대표전화** 070-8277-4048
**팩스** 02-6280-2964
**이메일** sunnbooks@naver.com

이 책은 저작권법에 따라 보호받는 저작물이므로 무단전재와 무단복제를 금지하며, 이 책 내용의 전부 또는 일부를 이용하려면 반드시 저작권자와 썬앤북스의 서면동의를 받아야 합니다.

＊ 책값은 뒤표지에 있습니다.　　＊ 잘못된 책은 구입하신 곳에서 바꿔드립니다.

---

썬앤북스(Sun&Books)는 독자 여러분의 책에 관한 아이디어와 원고 투고를 기다립니다. 책으로 엮기를 원하는 기획안이나 원고가 있으신 분은 이메일(sunnbooks@naver.com)로 간단한 개요와 취지, 연락처를 보내주세요. 저희의 문은 언제나 열려있습니다. 감사합니다.

# 정신분석이 감정과 신앙을 말하다

변상규 지음

## 목차

프롤로그 · 8

# 1 내 인생의 가장 좋은 친구는 바로 나다

오늘 행복하지 않은 사람은 내일도 행복할 수 없다 ·············· 15
완벽주의라는 감옥 ······································· 20
나는 분노한다 고로 존재한다 ···························· 25
옮음에서 행복으로 ······································· 29
죽어서 물귀신이 될 확률 ································ 33
죽음의 문제와 행복의 전제 ······························ 37
내면아이 길들이기 ······································· 42
자기불신에서 자기신뢰로 ································ 49
자기자신 사랑하기 ······································· 54

# 2 아파서 알게 된 내 마음

지금도 괜찮아 ············································ 61

그 누구도 나를 화나게 할 수 없다 ················· 65
컨테인(Contain) 비온(Bion) ····················· 70
태아시절의 상처, 극복할 수 있을까 ·············· 74
무서운 초자아에서 부드러운 초자아로 ············ 80
아팠다는 현실 ································· 85
나 자신 그만 혼내기 ···························· 90
나도 사람이에요! ······························· 95
모든 것을 통합할 사람 ·························· 99
감정이라는 은혜 ······························· 105

# 3 사랑이라는 이름으로

사랑과 집착 사이에서 ·························· 113
지독하게 다른 남녀의 심리 ····················· 117
사랑은 간보지 아니하며 ························ 122
성격 차가 이혼의 이유일까 ····················· 126
하나님은 이혼을 미워하실까 ···················· 132
그래도 사랑해 ································· 138
가족을 떠나도 가정은 떠나지 않는다 ············ 142

목차

스스로가 만든 천국과 지옥 ………………………………… 147
기저정서의 미해결 …………………………………………… 154

## 4 관계 회복

네 이웃을 네 몸과 같이 공감하라 ………………………… 163
인간의 자기 중심성 …………………………………………… 167
사람이 쉽게 변할까 …………………………………………… 171
존재를 인정하고, 인정받기 …………………………………… 175
자존감 vs. 자존심 ……………………………………………… 180
당신이 고파 …………………………………………………… 184
저항의 이유 …………………………………………………… 190
희망은 어디서 오는가 ………………………………………… 194

## 5 하나님을 오해하는 것들

그녀에게 하나님의 뜻은 무엇일까 ………………………… 201
기도에 관한 열다섯 가지 묵상 ……………………………… 209

가장 큰 어르신 하나님 ···································· 215

하나님을 오해하는 것들 ································· 219

영적 갈망이 채워질 그때 ······························ 225

천국에 가서도 아파트에 살까 ························ 231

마음 감옥을 넘어서 ······································· 235

자살하면 지옥에 갈까 ··································· 241

기독교인이 보는 다른 종교 ···························· 246

내어 맡김 ······················································ 251

내 믿음을 포기하고, 그 분의 믿음 받아들이기 ······ 255

하나님은 원리가 아니다 ································ 260

결국 삶이 문제야 ·········································· 266

잘 사는 게 내 뜻이다 ····································· 271

그게 네 믿음인 즐 알아? ······························· 277

신앙의 체험까지 학습시킬 수는 없다 ············· 282

## prologue

### 하나님의 권능을
### 담다

　내 인생은 대학 입학 전과 후로 나뉜다. 나는 출생 후 19세까지 행복하지 않았다. 감수성은 예민한데 현실은 잔인했다. 원하는 걸 하고 싶어도 늘 좌절이 내리눌렀다. 그러다 신학대학에 입학해 인문학과 신학 공부를 정말 미친듯 공부했다. 지금도 동기들은 내가 혼자 공부하는 모습만 기억난다고 한다. 나도 놀고 싶었지만 그 시절은 독재정권 시절이었고, 자욱하고 매캐한 최루탄 냄새가 교정을 덮었다. 나는 할 수 있는 게 없었다. 그래서 하나님께 간절히 기도한 적이 있다. "제가 무엇을 할 수 있습니까!" 응답이 왔다. 사람의 마음을 치유하여 세상을 변화시키라는 메시지였다. 그게 신의 뜻인지 내 마음의 소리인지 모르지만 나는 그 메시지를 하나님의 뜻으로 받아들이고 열심히 공부하였다. 그걸 알아준 분이 지금은 고인이 되신 박명하 교수라는 분이다. 내 리포트를 받고는 항상 "변상규 군은 글을 참 잘 써요!"라고 말씀하셨다. 그 한 마디가 지금 이 책이 된 것이다.

낮은 자존감과 부정이 내 자아를 짓눌렀다. 툭하면 밀려오는 불안과 해야만 되는 의무감 속에서 나는 항상 신과 인간, 죄와 은혜의 중간에서 방황했다. 그러다 너무나 신뢰했던 친형처럼 따랐던 지인의 배신의 충격으로 대학 졸업반 시절 충동적 자살시도를 하기도 했다. 그 일로 나는 내 자아가 완전히 붕괴되는 체험을 했고, 그 다음 날 꿈에서 성만찬을 하며 통곡을 하는 내 모습을 보게 되었다. 얼마나 울었는지 베개에 눈물이 고여 있었다. 그건 꿈이 아니라 소명(calling)이었다. 그때부터 아픈 자들을 치유하는 상처 입은 치유자(wounded healer)로서의 길을 걷게 되었다. 프로이트나 융을 공부하며 이 심리학의 거인들을 이해하기 위해 자연스레 인문학적 배경을 탐구해야 했다. 그러면서 내 안에 상담자의 원형(archetype)이 있음을 보게 되었다. 말과 글로 치유를 전하게 되었다.

무엇보다 성서 안에 드러난 하나님의 은혜가 가장 큰 상담이요, 치유임을 깨닫게 되었다. 2005년 상담을 했던 한 자매의 격려로 치유적인 글, 신학적인 글을 쓰기 시작했다. 그게 벌써 17년의 글쓰기가 되었다. 지금은 만천 명이 넘는 블로그에서 그 글을 볼 수 있다. 그러던 중 올해 초 마음에 이 글 중 일부를 책으로 펴내면 좋겠다는 마음이 들었는데, 돌아온탕자 출판사로부터 전화 한 통을 받고 이 책이 시작되었다. 모두 다 하나님의 은혜라 믿는다. 이 글은 내 인격, 내 삶, 내 한계가 모두 드러난 글이다.

책의 앞 부분은 상담을 통해, 그리고 정신분석학이라는 학문을 통해 느끼고 체험한 내용을 썼다. 돌아보면 수많은 내담자들과의 만남이 없었더라면 나올 수 없는 글이다. 그분들과의 만남에 감사드린다. 후반부는 신앙에 관한 글이다. 신앙이 없는 분들이 읽어도 큰 부담이 없도록 썼다. 무엇보다 신앙적인 글들의 핵심은 이것이다. '하나님을 오해하지 마세요.' 하나님만큼 인류 역사에서 오해받고 왜곡된 투사를 받은 분이 또 있을까 싶다. 철학자 니체는 "그리스도교 역사에서 유일한 그리스도교인은 그리스도 한 분뿐"이라고 역설했다. 무저항 운동을 주장한 간디 역시 "나는 그리스도는 좋아하지만 그리스도인을 좋아하지 않는다"고 말했다. 교회(성당)라는 곳이 죄인들이 모인 곳이기에 그럴 수밖에 없을 테지만 코로나 위기 이후의 교회의 위상은 회복이 불가할 만큼 떨어진 것도 사실이다. 그러나 선견지명을 갖는 분들은 "거품이 빠지는 중"이라고 말한다. 이런 위기의 시대에 이

책을 내놓게 되었다. 독자들이 어떤 평가를 해 주실지 긴장된다. 그러나 내 수준에서 최선을 다한 글이기에 후회는 없다.

끝으로 이 책을 사랑하는 딸 예린이와 5년 전 먼저 주님 품에 안긴 아내 이정옥에게 바친다. 내 인생에서 그녀는 가장 훌륭한 내조자였다. 성탄절이 가까이 다가올수록 그녀의 흔적이 너무나 그립기만 하다. 출판이 어려운 중에도 부족한 글을 크게 보시고 훌륭한 한 권의 책으로 내어주신 돌아온탕자 출판사 오형선 대표님에게 감사하기만 하다. 마음의 빚을 졌다.

2021년 12월 성탄의 아름다움을 바라며, 저자- 변상규

# 내 인생의
# 가장 좋은 친구는
# 바로 나다

**1**

## 01

## 오늘 행복하지 않은 사람은
## 내일도 행복할 수 없다

누구나 인생이 행복하길 바란다. 그런데 바라기만 한다. 그게 문제다. 바라기만 한다고 행복할 사람은 없기 때문이다. 정말 인생에 행복하길 원한다면 '결심'해야 한다. 행복하게 살기로 결심하고, 행복함이 느껴질 때마다 정말 행복하다고 말하고 춤춰야 한다. 그래야만 행복할 수 있다.

'언젠가는 저절로 행복하겠지'라고 생각한다면 아주 긴 인내를 감내할 수 있어야 한다. 결코 그 '언젠가'가 쉽게 나타나지 않을 테니 말이다. 어찌보면 인간은 자기 인생의 주체가 되는 것을 두려워하기에 인생을 수동적으로 살아가며, 의지를 갖고 자기 인생을 잘 꾸미려고 노력하는 사람들이 의외로 많지 않다는 것이다. 그것도 일종의 자기 삶의 게으름인데, 그런 게으름은 심리학에서 보면 병리적 나르시시즘에 해당한다.

사람은 누구나 자신만의 심리적 항상성(homeostasis)을 지니고 산다. 항상성이란 '항상 늘 그래야만 하는 경향성'이다. 즉, 환경이 나쁘면 그 환경에 그대로 자신을 방치해 둔다. 아니 그런 환경에 자신을 맞춰 살아가는 적응 능력이라고 말하는 것이 더 옳은지도 모르겠다. 그런데 너무 적응하다 보면 사람은 창의성을 잃고, 도전 정신과 실험 정신까지 잃게 된다. 그저 만사가 귀찮은 '귀차니즘'이라는 매너리즘에 갇혀 버린다. 그럴수록 꿈과 비전은 사라지고 늘 망상과 멍때리기의 잡념만 무성하다. 그렇게 살다 보면 자꾸 마음이 허망해지고 한숨만 늘게 된다.

이것을 극복할 대안은 감탄하는 것이다. 원하는 음식을 먹고 맛이 있으면 "아~ 참 맛있다!"라고 말한다. 그러면 우리 뇌가 그걸 듣고 '아, 맛이 있어서 좋구나'라고 반응하게 된다. 원하는 책을 구입했을 때 "이 책 보고 싶었는데 구입해서 참 좋다"라고 말한다. 나 자신에게 표현하게 되면 즐겁고 행복하다는 걸 스스로 확인할 수 있다. 지금 내가 쓰고 있는 이런 기법들을 단순하다고 무시하지 않길 바란다.

왜냐하면 이런 감탄과 감사가 모이고 모여 삶을 즐겁게 만들 수 있기 때문이다.

우리가 하루를 사는 시간은 24시간이다. 24시간 중 식사하는 시간이 1시간이라면 그 시간이 즐거운 것이다. 흥미로운 책을 보고 지적인 자각을 통해 인식의 범위를 넓히는 시간이 1시간이라면 그 시간 동안 나는 즐거운 것이다. 그렇다고 남은 시간이 불행한 것은 아니다. 그저 오늘 하루 중 먹고 자며 책을 본 순간에 내가 즐거웠던 시간으로 채운 것이다. 그렇게 하루를 반성해 보면 그 시간이 내게는 행복한 시간이라는 결과로 남는다. 이런 즐거움이 쌓여야 행복해질 수 있다. 행복도 연습이다. 오늘 행복하지 않은 사람은 내일도 행복할 수 없다.

누구든 자기 스스로 행복하고 만족스럽지 않다면 이 세상 그 누가 행복을 주고 만족을 준다 해도 결코 그 사람은 행복하거나 만족할 수 없다. 자기가 행복하지 않은데 누가 옆에서 행복을 준다한들 행복해질 수 있다는 말인가? 행복이 중요한 이유는 하루 중에 어느 정도는 행복해야 삶에 대한 의욕이 살아나기 때문이다. 삶의 의욕과 낙(樂)이 있어야만 인생에서 경험할 수밖에 없는 우울함을 극복할 수 있다. 우리는 어느 정도의 우울함을 모두 가지고 있다. 이 우울함을 전부

없애고 살아가는 사람은 없다. 우울을 견디고 함께 살아갈 뿐이다. 그러기 위해서는 힘이 필요한데, 그 힘이 바로 인생의 낙과 삶에 대한 의욕이다.

사람은 우울해지면 본능적이 된다. 사람이 과하게 음식을 먹거나, 과하게 술을 마시거나, 과하게 자거나, 과하게 성의 흥분에 심취하려는 건 그 근원이 우울해서다. 누구나 나이를 먹으면 우울해질 수밖에 없다. 그래서 꾸준한 운동이 필요하다. 하지만 운동을 매일 하지 못하는 사람은 나이를 먹어가면서 어쩔 수 없이 우울해지는 심신을 견딜 수가 없다. 그래서 나이가 들수록 다른 사람들과 어울리려는 공동체 정신도 중요하지만 자신을 찾아가는 자기 탐구와 자기 실현의 과제가 더 중요하다. 그런데 평소 남들과 어울려 살 줄만 알았지 참된 자기를 찾아가거나 알아가는 공부를 해본 적 없는 이들은 그런 과제들이 중요하다는 걸 알면서도 선뜻 어떻게 해야 할지 모든 것이 낯설기만 하다.

그런 낯섦을 경험하는 것은 정상적 심리다. 누구나 그렇게 산다. 그런 낯섦을 견뎌야 한다. 그리고 정말 자신의 참 자기를 찾아 행복할 수 있다는 신념을 가져야 한다. 그렇게 마음의 중심을 잡는다면 인생은 살아볼 만한 것이 된다. 우울하고 힘들고 고달프지만 말이다. 그러나 많은 이들이 그렇게 결심을 해도 작심삼일로 끝난다고 말한다. 즈정마라. 작심삼일을 극복할 수 있는 방법이 있다. 삼 일마다 한 번씩 다시 한 번 결심하는 것이다. 그렇게 열 번, 백 번만 결심하면 나중에는 저절로 행복의 발전기가 돌아갈 것이다. 모든 것은 습관이다. 하기 나름이고 훈련하기 나름이다. 그런 훈련의 뿌리는 사랑이 되어야 한다. 정말 자기 삶을 사랑하고, 자기 몸을 사랑하고, 자기 주변을 사랑하고, 자기 운명을 받아들이고, 자신의 한계와 연약함과 결점까지 사랑할 줄 아는 그런 건강한 나르시스트가 되어야 한다.

행복을 결심해야 한다. 그냥 행복해지는 건 없다.

## 02

# 완벽주의라는
# 감옥

　나는 탈옥을 주제로 한 영화를 좋아한다. 몇 년 전 종영된 미국 드라마 〈프리즌 브레이크〉는 많은 이들에게 강한 인상을 남긴 작품이었지만 특별히 나에게는 남다른 흥분을 주었던 작품이다.
　사람이 감옥 영화를 좋아하는 것은 그만큼 무의식에서 무언가에 쫓기고 있다는 증거다. 프로이트는 그것을 초자아의 음성이라고 했다. 멜라니 클라인은 박해망상이라 했고, 위니캇은 심리적으로 찌르는 엄마(impinging mother)라고 했다. 페어베언은 흥분시키면서 주지 않는 좌절 대상의 내면화라고 했다.

사람은 각자의 감옥이 있다. 이 감옥에는 엄격한 규칙이 있다. 그 규칙은 알고 보면 자기가 만든 것이다. 자녀는 부모에게서 인정을 받지 못하면 살아도 살아있는 게 아닌 삶을 살게 된다. 그래서 인정받음의 쾌감을 받기 위해 부모가 말한 것과 지시한 모든 것을 '모두 다' 완벽히 지키려고 한다. 철저히 부모의 아이가 되고 싶은 것이다. 쉽게 말하자면 부모의 리모컨이 되길 바라는 것이다. 그래야 존재감을 느끼고, 그래야 인정받아 행복을 누릴 수 있기 때문이다. 그게 그 시기의 아이의 운명이다. 운명치곤 너무 슬픈 운명 말이다. 내가 주체성을 강조하는 이유가 거기 있다.

우리는 대부분 신경증적 증세를 겪으며 살아간다. 신경증의 핵심 원인은 주로 억압에 있다. 억압(repression)이라는 말은 '살아있는 채로 생매장하다'라는 의미를 갖고 있다. 억압한다는 것은 어떤 감정이 생길 때 그것을 표출하지 못하고 감정 그 자체를 생매장해버리는 것과 같다. 생매장당한 감정이 묻혀서 죽게 되면 그냥 죽지 못하고 귀신이 되는 것이다. 물론 여기서의 귀신은 메타포(은유)다. 그래서 억압이 많은 사람일수록 그 내면에 귀신이 많다. 그런 사람의 무의식은 대단히 복잡하고, 꿈을 많이 꾸며 깨어도 작은 일에 놀란다. 자기 내적현실이 외적현실에 투사되니 삶이 왠지 모르게 불안한 것이다. 억압은 신경증의 핵심 원인이지만 신경증을 앓고 있는 자신의 상태를 보면 그건 분열이다. 분열이 많은 사람은 힘이 없고 하염없이 무기력하다. 조립하여 사용하는 자전거는 조립이 완성되기 전까지 무기력하기만 하다. 조립하여 타이어에 바람을 넣고 페달을 밟아야 자전거가 되는데, 조립이 되기 전의 자전거처럼 분열이 있는 사람은 좋은 재료를 내면에 갖고 있으나 실력 발휘를 못한다. 조립이 된 다음에 생기는 게 자신감인데 조립이 되지 못하였으니 늘 자신감이 없다. 대충 조립한 자전거는 움직이지만 멀리 가지 못한다. 주변만 불안하게 맴돌 뿐이다.

우리 내면에는 성숙과 미숙, 희로애락, 사랑과 미움, 무관심과 집착이 들어 있다. 나는 '나'를 이루는 중요한 부품 중에서 있어야 하지만 과대하게 커진 부분이 있다는 걸 자각한다. 그게 바로 완전주의다. 완전할 수 없는 게 사람일진데 감히 완전을 논한다는 그 자체가 모순이다. 그걸 뻔히 알면서도 완전에 대한 강박을 갖고 살아가는 게 문제다.

여성 정신분석학자였던 카렌 호나이에 의하면 완전주의는 개인의 병이 아니라 문화가 만든 병이라고 했다. 완전주의는 우리 사회가 개인에게 강요한 병이라는 것이다. 부모가 나에게 완전주의를 심어주었다면 그건 나에게 맞는 옷을 입지 않은 것과 같고, 타인에 의해 강제로 춤을 추는 것과 같다. 부모가 심어준 욕망에 의해 옷을 입고 엉거주춤한 춤을 추고 살아온 것이다. 그렇게 살아온 사람의 마음에 행복이 있겠으며 참된 쉼이 있겠는가?

요즘 나 자신에게 '나는 이제까지 잘 쉬어 왔나? 나는 이제까지 잘 놀아왔나?'를 묻곤 한다. 슬프지만 나는 늘 투쟁하듯 살아왔다. 내가 살아온 1970, 80년대는 그리 행복했던 시절이 아니었다. 부인하고 싶어도 부인할 수 없는 나이테와 같은 트라우마와 갈등의 골이 깊게 팬 부분이 한둘이 아니다.

완전주의는 나에게 상처인 동시에 나를 살지끔 만들어준 방어기제였다. 완전주의는 내게 애증(Love-Hate)의 소산이었다. 문제는 세월이 흘러 더 이상 필요하지 않은 완전주의라는 방어기제가 시도 때도 없이 작동한다는 것이다. 마치 전쟁에서 적기가 출현하면 요란한 소리를 내던 사이렌이 전쟁이 끝난 후에도 시도 때도 없이 울려 전쟁의 불안을 재현시키는 것과 같다. 그런 사이렌이 사라지지 않고 있으니 그 마음이 편할 수가 있겠는가.

종교가 사람들에게 주는 역할 중 가장 보편적인 것이 바로 '마음의 평화'다. 완전주의자들이 제일 두려워하는 대상이 신(神)이다. 신은 어느 때나 완전무결을 요구하며, 우리에게 사명을 주는 존재다. 그 말은 완전주의자에게 정말 빠져나갈 수 없는 굴레와 같다. 자신의 완전주의를 치유해 보지도 못한 채 그 완전주의에 갇혀서 무의식의 노예처럼 살고 있으니 그 억울함, 갑갑함, 분노, 슬픔을 무엇으로 표현할 수 있겠는가. 프로이트의 말처럼 인생에서 제일 큰 환자인 동시에 제일 큰 의사는 바로 자기자신이다.

몸도 건강해야 한다. 몸이 약하면 병에 휘둘려 인생이 망가진다. 인생이 가장 건강한 상태는 위니캇이 말한 플레이(play)의 상태다. 여기서 플레이란 단순한 '논다'의 차원이 아니라 자신의 생명력과 창조성을 마음껏 펼칠 수 있는 능력과 자율성을 의미한다. 몸이 아프지 않으면 편안하고, 그런 상태에서는 어떤 일도 감당할 수 있는 것처럼 우리의 마음도 그러하다는 것이다. play로서의 삶, play로서의 신앙, play로서의 직업, play로서의 휴가, play로서의 문명 등이 가능해질 때까지 play할 수 있다면 그게 행복이다.

# 03

## 나는 분노한다
## 고로 존재한다

화(분노)에는 크게 세 종류가 있다. 정상적인 감정반응으로서의 분노, 분노를 제대로 표출 못하고 우회적으로 표출하는 삐침이라고 말하는 수동적 공격성, 평소 분노가 없는 척 억누르다가 자기도 모르게 헐크같이 돌변하여 상대에게 화산 폭발하듯 표출하는 격노(Rage)가 그것이다. 가장 건강한 분노라고 할 수 있는 의로운 분노(의분)도 있다. 나라를 강탈당한 분노를 민족애국 운동에 헌신하다 순국하신 유관순, 안중근, 윤봉길 의사 같은 분들이 그런 류에 해당한다. 예수님 역시 성전에서 장사하는 자들을 보고 엄청난 의분을 표출하셨다. 의로운 분노를 내야 할 때 못 내는 것도 병이다. 건강하지 못한 인격이라는 말이다.

가장 바람직하지 못하고 건강하지 못한 분노는 아마 삐침과 격노일 것이다. 수동적 공격성인 삐침은 단순히 토라지는 수준에 그치지 않는다. 그것은 나중에 말을 아예 안 해버리는 수동적 공격성과 자기학대로 이어지기도 한다. 부부 상담을 해보면 가장 힘든 배우자 유형 중 하나가 분노하면 말을 하지 않고 일주일 이상 가는 사람들이다. 그런 배우자와 사는 사람은 피가 마르고 화병이 생길 정도다.

분노의 감정을 잘못 다스리면 결국 자신의 살아있는 감정들을 무가치하게 만든다. 분노를 제대로 표현하지 못하는 사람은 하루 종일 멍때리기로 시간을 흘려 보내거나 우울증으로 마음을 잡지 못한다. 우울증의 다른 말은 '얼어붙은 분노'다.

정신분석학자 프로이트는 인간은 거대한 에너지 시스템과 같다고 했다. 예로 내 앞에 있는 종이 한 장을 태웠다면 재가 남을 것이다. 이 재를 손으로 비벼 후~ 하고 불면 공중에 흩어진다. 종이가 사라진 것이다. 그러나 프로이트는 종이의 형태만 사라졌을 뿐, 그 종이를 구성하고 있는 기본 에너지들까지 사라진 것은 아니라고 했다. 그 에너지는 내 방 어느 곳에 일정한 형태로 남아있게 된다. 에너지 불변의 법칙이다. 마음도 그러하다. 마음을 억압한다 하여 마음의 증상이나 일정한 감정이 사라지는 것은 아니다. 이런 말이 있다. 마음을 억압하면 몸이 울부짖는다. 그것이 흔히 말하는 화병이요, 신경증이요, 강박증이다. 우리는 성장하면서 화낼 일을 자주 겪는다. 우리나라같이 상대적 박탈감이 많은 나라에서는 이런 짜증 섞인 분노가 끝도 없이 이어지기도 한다.

우리의 몸이나 마음은 환경에 적절히 적응하는 방식으로 구성되어 왔기에 어느 정도 감정을 억압해도 크게 문제될 것이 없지만, 구조적으로 분노를 억압하면 나중에 한(恨)이 되어 버린다. 나는 그걸 마음이 체했다고 표현한다. 신경증이나 강박증은 마음이 체한 증상이요, 화병이나 암은 그러한 증상이 증가하여 몸이 체한 증상으로 나타난 것이다. 분노는 대단히 중요한 심리다. 그래서 분노 옆에는 언제나 슬픔이 있다. 분노의 친구는 슬픔이어야 한다. 분노 옆에 아무도 없으면 분노는 폭발한다. 그러나 분노 곁에 슬픔과 눈물이 함께한다면 분노를 위로하고 도울 수 있다.

정신분석에서는 분노에 취한 환자들을 치료하려면 반드시 '애도의 감정'이 필요하다고 한다. 애도는 슬픔과 다르다. 슬픔이 감정이라면 그 감정을 행동화시킨 것이 애도다. 가슴을 치고, 눈물을 흘리고, 소리를 지르고, 땅을 뒹구는 행동은 모두 애도의 과정이다.

제대로 화를 낸다는 건 정말 중요하다. 제대로 화를 내면 그 자체가 치료의 증거다. 아직도 서운한 게 많고, 잘 삐치고, 복수를 생각하고, 자신을 학대하고, 자기감정을 죽여버리는 일에 마음과 뜻과 정성을 다한다면 그것은 분노한 게 아니라 자기를 죽이는 자살시도다.

나는 삶에 대한 긍정을 갖고 산다. 산다는 게 참 괴롭고 슬프고 아프지만, 그래도 인생이라는 것은 살아볼 만하고 아름답다. 너무 사치스런 말이었다면 마음이 아픈 이들에게는 미안하지만, 그래도 나는 그런 긍정을 갖고 산다. 힘들어도 분노가 내 인생과 내 마음의 주인이 되도록 방치하지 않을 것이다. 분노의 감정을 살필 것이며 돌볼 것이다. 내 인생의 주인은 나다. 나는 오늘도 긍정을 선택하려 한다. 그리고 분노의 에너지를 의분(義憤)에 쏟으려 한다. 의분의 에너지를 사용할 수 있는 능력이 있다면 삶의 승리자가 될 수 있다.

# 04

## 옳음에서
## 행복으로

    어린 시절의 중요성은 아무리 강조해도 지나침이 없다. 어린 아이는 홀로서기가 안 된다. 그래서 부모의 사랑, 인정, 격려가 지속적으로 필요하다. 부모는 자녀의 태양이다. 해바라기처럼 자녀들은 부모만 바라본다. 특히 유아기와 유년기에는 더욱 그러하다. 그러다 보니 아이들은 브모의 눈치를 살피고 얼굴을 살핀다.

    그런데 썩은 어항 속에 사는 금붕어가 숨쉬는 게 힘들다는 건 알면서도 자기가 있는 어항이 썩었다는 것을 모르는 것처럼, 병든 문화를 당연시 여기는 부모들은 자신들이 갖고 있는 획일적이고 폭력적인 가치관들을 아이들에게 마구 주입하려고 한다. 그러다 보니 아이들을 선하고 건강한 주체로 세워주지 못하고, 이 사회가 요구하는 부속품처럼 끼워 맞춘 채 기르게 된다.

대상관계 이론가였던 위니캇과 자기심리학자 하인즈 코헛은 건강한 개인에 대해 "의존할 때 의존할 줄 알고, 자기만의 공간을 갖고 살아갈 적에는 자기만의 공간 속에서 개인의 자유를 마음껏 만끽하는 그런 주체를 건강한 개인이라고 할 수 있다"고 말했다.

우리가 사는 사회를 어항으로 비유한다면 우리는 정말 건강하게 살아갈 수 있는 환경에 있을까? 전 세계에서 행복지수가 가장 낮은 나라인 대한(恨)민국(내가 만든 단어다), 국민들 가슴에 한이 맺혀 사는 이 나라 사람들의 삶은 이제까지 지나치게 바름, 규범을 요구해왔다. 너무 동적이지 못했다. 그런데 인생을 조금 살아 보니 바른 것보다 도덕보다 옳음보다 정말 중요한 것은 잘 사는 것이었고, 행복하게 사는 것이었고, 마음 편하게 사는 것이었고, 내적 편안함을 유지하며 살아가는 것이었다.

인간은 출생이라는 외상을 필연적으로 안고 태어난 슬픈 존재다. 모든 아기들은 정신적인 요소들이 조화롭게 되어 있지 않기에 수많은 내적인 혼란을 겪으면서 영아기와 유아기를 보내게 된다. 이렇게 힘들게 인간이 되어가는 것이 인생인데, 그 자체만으로도 힘든 인생에게 세상은 너무 많은 전통과 규율, 너무 많은 금지와 억압, 너무 많은 교리와 믿음을 강요한다. 바른 것이 나쁜 것은 아니지만 바른 것이 건강한 것이 되지 못할 수도 있다. 부부간에도 옳은 것이 좋은 것이나 그 옳음 때문에 서로 등지고 살아갈 수 있다. 생각에 융통성이 있다 없다를 가늠하는 기준이 있다면 얼마나 자신이 믿는 옳음을 융통성 있게 사유하고 변형시킬 수 있느냐는 것이다.

나는 내면이 건강하고 행복한 사람에게서 상처를 받은 적이 단 한 번도 없다. 그러나 내게 상처를 준 사람들은 하나같이 고집스럽고, 자기 주장이 강하고, 자신이 옳다는 걸 절대 포기하지 않는 사람들이었다. 이 세상에는 옳고 그름이 너무 중요한 사람이 있는가 하면, 옳고 그름의 가치보다 좋고 나쁘다의 가치를 더 중시하는 사람이 있다. 누구는 과정을 중시하고, 누구는 결과만 중시한다. 누구는 산을 보고, 누구는 나무를 본다. 성숙이란 이 두 가지를 온전히 조화시킬 수 있는 능력을 함양하는 것이다. 그런데 너무나 많은 이들이 자기 것만을 강조하고, EQ(정서지수)보다는 IQ(지능지수) 중심으로 살아가고 있다. 그런 이들로 인해 마음이 여리고 착한 사람들은 감정적 상처를 받고 더욱 움츠러든다. 그렇게 상처를 주면서도 그걸 전혀 모르는 사람을 인격장애자라 부른다.

자녀를 키울 때 바른 아이로 키우려고 하지 말라. 건강한 아이로 키우면 자연스럽게 바른 아이가 된다. 그러나 바른 아이로만 키우려 한다면 그 아이는 절대 건강하지 않은 아이로 자라게 된다. 신경증 환자가 되고, 평생을 기를 못 펴고 눈치 보며 사는 인간이 된다. 자기가 무엇을 원하는지도 모르는 아이가 된다.

자기의 욕망을 찾아 사는 삶이 반드시 악한 삶이 아니라는 걸 자각했으면 한다. 나는 기독교 배경에서 자라 욕망이란 단어만 떠올려도 죄, 절제, 사악함을 상상했다. 그런 기독교라면 버려버릴 것이다. 내가 알고, 내가 알아가는 예수님은 그렇게 가르치신 적이 없기 때문이다. 주님이 말씀하셨다.

"진리를 알아라. 그 진리가 너를 자유롭게 하리라."

## 05

# 죽어서
# 물귀신이 될 확률

 사막에서 속세의 인연을 끊고 오직 수도에만 정진하는 한 수도자가 있었다. 그런데 어느 날 멀지 않은 동굴에 또 다른 수도자가 수도를 하는 것이 보였다. 그때 마귀가 그 수도자를 유혹한다. 마귀는 "너를 부자로 만들어 주겠다. 왕으로 만들어 주겠다. 절세 미인을 주겠다"라며 유혹했지만 아무 소용이 없었다. 이 수도자는 그런 것에 일체 관심이 없었다. 어느 날 이 수도자가 길을 가는데 가까운 동굴에서 수도를 하는 수도자가 물을 길어 등에 지고 오는 모습이 보였다. 이때 마귀가 수도자의 귀에 "저 사람이 너보다 더 경건해 보이지 않니?"라고 말하자 이 수도자는 분노를 폭발하고 말았다.

"뭐가 어째? 내가 지금의 나를 만들기 위해 얼마나 노력해 왔는데 저 놈이 나보다 뭐가 더 낫다고 그러는 거야?"

순간, 마귀는 웃었고 수도자는 패했다.

예전에 나에게 질투어린 시선을 하는 사람이 있었다. 내가 대단한 걸 갖고 있는 것도 아닌데 말이다. 그런데 나 역시 그 사람을 보면 그런 질투를 했다. 그가 나보다 더 좋은 삶의 조건을 갖고 있기 때문이었다. 정신분석가 멜라니 클라인이 말한 투사적 동일시를 통해 서로가 서로의 마음 안에 질투나 시기심을 불러일으키는 듯했다. 그런 관계에서는 진실함이나 신뢰는 찾기가 힘들다. 어떻게든 상대가 나보다 못하거나 안 되어야만 속이 시원하기 때문이다.

직장에서 서로 도시락을 나눠 먹으며 지내던 한 동료가 싱글벙글한다. 이유를 물으니 로또가 2등이 되어 몇 천만 원을 당첨금으로 받을 것이라고 한다. 그 순간 "축하한다"라는 감정보다 질투심이 올라온다. "왜 너만! 왜 나는?"이라는 표정을 숨기기가 어렵다. 그 순간 확 드러난다. 과거 상담한 경우 중 하나도 그랬다.

A는 남녀가 같이 공부한 중학교를 나왔다. 10년이 흘러 아주 오랜만에 중학교 동창회를 갔는데, 당시 인기가 많았던 남자 X가 나와 있

었다. 더 멋진 모습이 된 듯해 가슴이 설레였는데, 너무나 조신하다고만 여겼던 동창 C가 X와 결혼한다고 광고를 하는 것이었다. 순간 A는 눈에 불이 나고, 가슴에 분노가 치밀었다. 관계는 그렇게 깨진다. 이런 일들은 오늘도 흔하게 일어나는 일들이다. 그런 사람들에게 이런 말을 하고 싶다. "좀 넓게 보고, 좀 멀리 봐라."

난 누군가를 미워하거나 원수로 만들고 싶지 않다. 내가 부덕해서 상처를 주었다 해도 상대가 나를 원수로 여기지 않길 바라고 그렇게 살아가고 싶다. 왜냐하면 나를 미워하는 사람이 언젠가 내 아이, 내 아이가 자라 결혼을 하고 아이를 낳게 되면 그 아이를 통해 득을 보고 은혜를 입는 관계가 될지 어떻게 알겠는가! 마찬가지다. 내가 미워하는 그 사람의 아이가 자라 내 후손에게 좋은 영향을 주는 대상이 될지 어찌 알겠는가. 작은 일로 일희일비하면서 질투하고 시기하고 관계를 끊는 사람의 인격이 가장 안쓰럽다.

나는 우주 사진을 보면 우주의 그 헤아릴 수도 없는 넓이에 할 말을 잊는다. 엄청나게 넓은 이 우주에서 인연으로 만나게 되었는데, 왜 그렇게 미워하며 질투하며 살아야 하는지 영원을 전제로 한다면 그런 일들이 나중에 얼마나 스스로에게 부끄러운 일이 되겠는가. 나는 요즘 매 순간이 연극 무대 같다. 언젠가 나 스스로 100년도 안 되는 나의 삶을 객관적으로 바라보는 순간이 나의 의식에서 펼쳐지길 바란다. 서로 인연이 있어서 만나게 된 것인데, 작은 일로 질투하며 살아가는 게 얼마나 부끄러운 일인지 자기 스스로를 경계해야 한다.

같은 신학대학에서 공부한 친구가 수십 억짜리 교회를 짓고 얼마 전 축하 예배를 드렸다. 과거 같으면 많이 부럽고 표정관리가 잘 안 되었을 텐데, 지금의 나는 전혀 부럽지가 않다. 나의 길이 다르기 때문이다. 그 길이 큰 돈을 버는 일이 아니라 해도 나는 내 소신과 신념을 갖고 할 수 있으니, 그 일에서 스스로 자부심을 느끼고 즐거움을 느끼면 되는 것이다. 모두에게는 각자의 길이 있다. 칼 융은 그것을 '자기실현-개성화'라 부르기도 했다. 결국 자기 인생은 자기가 살아가는 것이고, 자기 길을 가는 것이다. 왜 곁눈질을 해 남을 보다가 내가 가야 할 길을 가지 못하고 물에 빠지는가? 그렇게 빠져 죽은 자들을 물귀신이라고 하지 않는가. 왜 인간으로 살아갈 생각을 하지 않고, "나는 질투한다. 고로 나는 존재한다"라며 살려고 하는가. 자기 영혼, 자기 인격, 자기 실현, 진정한 자기를 사랑하는 사람은 물귀신 심리를 갖지 않는다.

## 06

## 죽음의 문제와
## 행복의 전제

    나는 첫째로 태어난 덕분에 외할머니와 이모들의 사랑을 많이 받고 자랐다. 특히 막내 이모와의 어린 시절 추억이 기억난다. 그런데 70도 되지 않은 이모가 암으로 세상을 떠나실 것 같다는 소식을 들었다. 물질적으로 든든한 아들과 남편을 두었으나 암 앞에서는 무용지물이었다. 어머니도 암으로 고생하고 계시기에, 죽음이라는 단어가 내 뇌리를 떠나지 않는다.
    5년 전 아내가 암으로 세상을 떠날 적에 그 지독한 고통을 목도한 사람으로 병과 죽음이라는 실존적 문제 앞에 그 누구도 장사 없다는 생각을 한다. 이어령 교수의 말처럼 젊은이는 늙고, 늙은이는 죽는다. 인간은 아무리 잘나고 멋지고 행복해 보여도 생로병사라는 법칙에서 그 누구도 자유로울 수 없다.

심리학자 칼 융은 자신이 만난 사람들 중에서 중년기 이후(당시는 평균수명이 지금보다 짧아 융은 대략 35세를 이야기했지만 지금은 40대 이후를 중년기의 시작이라 한다)의 사람들이 하나같이 영적인 문제로 고민하는 것을 보았다고 했다. 영적인 문제란 다름 아니라, 죽음의 문제다. 융이 보기에 40세가 넘어 죽음 문제를 고민하는 사람들은 모두 종교적 고민을 하고 있다고 진단한 것이다. 맞는 말이다.

나는 평생 늙지 않을 줄 알았다. 어처구니 없지만 그랬다. 그런 내가 조금씩 새치가 나기 시작하더니 이제는 감추기 어려운 상황이 오는 듯하다. 그나마 아직까지 눈은 좋아서 다행이다. 하루에 8천에서 1만 보를 걷는 일을 꾸준히 하는 게 그나마 건강 챙기는 일이라 생각하여 그저 하나 제대로 지키려고 노력한다. 이제는 체중 관리에서부터 수면 관리까지 모두 다 관리하지 않으면 며칠이 망가지는 기분이다. 잠을 자다 새벽에 깰 적에는 실존적 외로움을 느낀다. 그리고 나도 모르게 습관처럼 죽음에 관해 생각한다.

죽음은 유한성이다. 인간의 마음에는 무한히 살고 싶은 마음이 있으나 몸은 유한하다. 의학이라는 것이 얼마나 우리 수명을 연장해줄지 모르지만 건강하고 돈 있어야 100세를 살아도 보람이 있는 것이지, 돈 없고 몸이 아픈 채 100년을 산다면 그건 또 다른 고문이 될 수 있다. 중요한 건 우리가 추구하는 행복의 문제는 반드시 죽음의 문제를 처리한 이후에 가능하다. 죽음의 문제를 처리하지 않고서는 인간은 누구나 행복할 수 없다.

죽음은 인간을 하염없이 무기력하게 만든다. 때론 그런 무기력은 나를 절망으로 이끌기도 한다. 그러나 절망으로 고꾸라진다면 나의 신앙이 무슨 의미가 있겠는가. 정말 내가 하나님을 믿는 사람이라면 죽음에 대해 무기력하고 혼란스러울 수 있지만 절망해서는 안 된다. 그건 내가 믿는 하나님에 대한 배신이다. 죽음 때문에 절망한다면 하나님을 믿을 필요가 없다. 하나님을 믿는 것과 예수님의 부활이 나의 부활이라고 고백하는 것은 죽음 문제를 하나님께 온전히 내어 맡긴다는 것이다. 그런 이들의 마음에 행복이 깃드는 것이다.

늘 죽음의 그림자가 드리운다. 어느날 갑자기 사라지는 법이 없다. 그래서 죽음의 절망과 두려움을 이겨내신 예수 그리스도의 부활과 영원하신 하나님의 언약에 온전히 내어 맡겨야 한다. 죽음을 앞두고 있는 그리스도인들은 반드시 가족들을 안심시켜야 한다. 말씀을 가까이 하고, 가족들에게 내 몸은 화장되어 한 줌 재로 돌아가지만 내 영혼은 하나님 품 안에서 영면할 것이며 하나님 앞에서 다시 만날 것이라고 말해 주어야 한다. 그래야 가족들이 그 말씀과 고백에 의지하여 죽음의 고통과 헤어짐의 아픔을 극복할 수 있는 것이다. 그래야만 가족들도 제대로 된 애도를 할 수 있다. 신앙이 있는 분들은 죽음 앞에서 가족들을 위해서라도 그래야 한다.

20~30대와 대화를 하다 보면 그들은 삶에 대해서만 고민하지 죽음에 대해서는 고민하지 않는다. 하지만 40~50대와 대화해 보면 건강을 핑계로 이런저런 말을 하지만 그 말 밑에 죽음에 대한 두려움을 감지하게 된다. 사람은 차와 같다. 연식이 오래 되었으면 망가질 일만 남은 것이다. 중요한 건 관리지만 관리한다고 연식의 흔적까지 사라지지는 않는다.

최근 20대부터 소장해온 1만여 권의 책들을 정리하면서 많은 생각을 했다. 내가 죽으면 모두 헌책방에 가거나 도서관에 기증할 텐데, 이것들이 나에게 무슨 의미가 있는가를 여러 번 묻고 또 물었다. 나에게 유일한 소유는 그 책들이었다. 누구보다 지식을 탐하고 살았다. 알려고 했고, 앎의 기쁨도 컸다. 그러나 어느 순간 죽음이란 블랙홀을 마주하면서(아내의 죽음) 나의 모든 것이 뒤집혔다. 죽음이란 참 낯설고 이질적인 것이다. 아무리 공부해도 1도 적응되지 않는 이물질 같은 것이다.

시간은 흐르고 나이는 들어간다. 그러니 아직 건강할 때 다시 한 번 삶의 목표와 이유를 되묻는 시간이 꼭 필요하다. 그저 이 나이 먹도록 남들 하니까 나도 한다는 마음으로 살아간다면 실패한 인생이 된다. 이제 그러면 안 된다. 나의 삶을 살아나야 한다. 그리고 인간의 삶이라는 이 선택받음을 낭비하지 않고, 내가 만나는 모든 사람과 내가 접하는 자연 속에서 나는 어떤 사람으로 남아야 하는지를 스스로에게 물어야 한다.

죽음의 문제는 나를 유한성으로 이끌고, 유한성의 문제는 나에게 남은 삶을 어찌 살 것인가를 묻게 된다. 그래서 아이러니하게도 죽음이 감사하다. 덕분에 내 삶의 한계를 그을 수 있으니 말이다.

## 07

## 내면아이 길들이기

인천의 한 국공립 어린이집에서 교사 6명이 자폐증을 앓고 있는 C(5)군 등 10명의 원생을 학대한 혐의로 검찰에 고발된 사건이 있었다. 정인이 사건처럼 큰 이슈가 된 아동학대 사건이었다. 커다란 베개로 아이를 가격하여 아이가 벌러덩 뒤로 나자빠지는 모습을 보며, 도대체 저 사람들이 아이를 맡아 양육하는 교사가 맞나라는 생각에 기가 찼다.

우리가 받아온 폭력적 교육의 메시지 중 하나가 바로 '말을 안 들으면 들게 하라!'이다. 혼을 내든지 겁을 주든지 폭력을 행해서라도 그렇게 해야 한다는 폭력적 메시지는 나의 어린 시절 학교에서 수없이 보고 자란 모습이다. 말을 안 들으면 설득하여 돕는 게 교육의 목적일진데 우리의 교육은 교육목적이 중요했지 아이들 자체를 중요하게 여긴 교육이 아니었다. 이 지독한 코로나 상황에서 우리가 배우고 있는 큰 교훈 중 하나는 만남이라는 게 얼마나 중요한가이다. 목사들은 교인들을 보고 싶어도 그럴 수 없고, 교사들은 아이들을 보고 싶어도 보지 못한다. 가족 친지도 그렇다. 내가 아는 친척은 노인 요양병원에서 1년간 가족을 그리워하다 세상을 떠나셨다. 만날 수가 없었던 것이다. 그저 영상에서 어른거리는 모습으로 만남의 욕구를 달래야만 하는 현실이 되었다. 사람이 얼굴과 얼굴을 마주하고 대화한다는 것이, 아무렇지도 않은 자연스러운 일들이 너무나 낯선 일상이 되고 만 것이다. 어느 가게 주인은 손님 한 명이 가게에 들어오면 기계적으로 내뱉는 "어서 오세요"가 아니라, 반가운 친구를 맞이하듯 "어서 오세요!"가 나오더라는 것이다.

인구도 점점 줄고 있고, 코로나로 비대면 상황에서 아침마다 맞이하는 아이들이 반가울 것 같은데 무슨 이유인지 아픈 아동을 너무나 거칠게 다루었고, 아이의 몸에 멍이 든 것을 이상하게 여긴 학부모를 통해 그 진상이 드러나게 된 것이다. 성실히 어린이집 교사로 일하는 많은 분들에게 깊은 자괴감을 준 사건이었다. 정말 잊을 만하면 다시 보도되는 아동학대, 방임, 그리고 죽음에 이르게 하는 끔찍한 이슈들이 우리 나라뿐만 아니라 세계적 이슈가 되고 있다.

사람은 누구나 자기 내면에 있는 것들을 밖으로 투사(projection)하는 경향이 있다. 마음에 선함이 있는 사람은 악함을 드러낼 수 없다. 하지만 악한 사람은 악함을 드러내도록 되어 있다. 이번 학대 교사들의 공통된 특징은 아이들을 통제하려는 성향이 병적으로 강했다는 것이다. "가만 있어!"라고 말했는데 움직이는 아이가 있다면 큰 베개를 휘둘러 자빠뜨린다. 울산의 한 어린이집 교사는 아동에게 물을 일곱 번이나 억지로 마시게 했다. 이들 교사들은 모두 다 통제의 욕구가 강한 사람들이었다. 물론 주어진 시간이 얼마 없는데 아이가 밥을 제대로 먹지 않거나 여기저기 흘린다면 교사는 스트레스를 받는다. 그러나 그런 현실을 존중해주는 것도 교육이다. 아이에게 문제가 있으면 학부모에게 이야기해 적절한 치료나 도움을 받게 하면 그만이다. 이들 교사들이 행한 이상 행동들은 이들이 그런 강압성을 자신들이 속한 가정이나 학교에서 학습받고 자랐을 가능성이 높다. 그 왜곡된 역기능적인 언행을 아무 것도 모르는 아이들에게 투사한 것이다.

사람은 미숙할수록 타인에게 자신의 왜곡된 점을 투사한다. 성숙한 사람은 내 탓이라고 한다. 남 탓을 하지 않는다. 원칙도 그렇다.

인간 세상에 단 하나의 원칙이 있다면 사랑이라는 원칙이 있다고 믿는다. 사랑이 있고서야 공정의 원칙도 있는 것이다. 사랑 없는 공정은 매우 경직된 원리로 사람을 통제하고 지배할 가능성이 높기 때문이다. 성격이 극단적이거나 너무 원칙적이거나 '예, 아니오'가 분명한 걸 넘어 자신은 '예'인데 '아니오'라고 하는 사람에 대해 적대적이거나 혐오적인 태도를 보인다면 그 사람은 정신이 건강하다고 볼 수 없다.

여성 정신분석학자인 멜라니 클라인((Melanie Klein)은 갓난 아기들을 관찰하면서 아기들이 맨 처음 접하는 대상은 엄마가 아니라 엄마의 젖가슴이라고 했다. 엄마 젖가슴은 엄마 몸의 전체가 아니라 부분이다. 그래서 그녀는 이를 부분 대상(part object)이라 불렀다. 부분 대상으로서의 엄마 젖가슴은 아기들에게 두 가지 감정을 느끼게 한다. 바로 좋음(Good)과 나쁨(Bad)의 경험이다. 젖이 잘 나오면 좋음이 느껴지고, 젖이 잘 나오지 않거나 너무 나와 숨을 막으면 아기들은 이를 나쁨으로 경험한다. 그래서 클라인은 아기들이 맨 처음 접하는 대상 경험은 좋음과 나쁨의 경험이라고 한다. 그리고 이가 나기 시작하면 잘 나오는 젖은 혀로 빨지만, 안 나오는 젖은 이빨로 깨무는 공격성을 표현한다고 한다. 아기들에게 젖가슴은 두 개의 대상(좋은 젖가슴과 나쁜 젖가슴)이 된다는 것이다. 이를 클라인은 '편집 분열 자리'

라는 표현을 사용하였다. 어려운 말이 아니다. 젖가슴이 자신에게 만족을 주지 않을 적에 이를 의심(paranoid)하고 파괴하는 환상이 있다는 것이다. 클라인은 우리 모두가 이런 자리를 거친 후에 '우울적 자리'로 왔다고 했다.

  우울적 자리란 우울하다는 의미가 아니라, 대상에 대해 인지하게 된 아기가 자신이 환상 속에서 젖가슴을 공격하거나 불만을 터뜨렸을 때 그 대상이 자신의 공격성으로 인하여 상처받거나 고통받는다고 느끼는 것을 말한다. 윤리학적으로 보면 인간은 클라인이 말한 우울적 자리에 도달해서야 비로소 인간이 되는 것이다. 타인의 존재를 염두에 두며 살아가는 공감적 인간을 말한다. 우울적 자리에서는 아기들은 젖가슴을 좋은 젖가슴과 나쁜 젖가슴으로 양분하지 않는다. 오히려 좋을 수도 있고 좋지 않을 수도 있다는 여지를 남긴다. 즉, Good과 Bad라는 원칙보다 더 중요한 것은 대상이라는 것이다.

  이런 클라인의 정신분석적 입장에서 본다면 아동학대를 일삼은 교사나 정인이를 죽음으로 몰고 간 그 양모 역시 겉으로는 멀쩡한 일반인으로 보였으나 그들의 내면에는 분열된(Good과 Bad) 대상의 기준이 있었다고 본다. 정인이가 처음에는 자기 딸을 위해 존재하는 동생으로 있기를 바랐으나 자기 마음에 들지 않는다는 이유로 정인이를 하나의 인격체로 보는 것이 아니라, 자기 마음대로 할 수 있는 객체로 전락시킨 것이다. 상식적으로 어린 아이 몸에 구타하는 행위는 쉽게 하지 않는다. 그런데 그런 아이에게 고문에 가까운 학대와 구타를 일삼았다는 것은 양모 마음의 분열적인 특성을 아무 죄 없는 아이에게 투사한 것이다. 양모는 자기 내면의 Bad 속성을 순수한 정인이에게 전가하고 투사하여 그 아이를 나쁜 대상, 나쁜 아이로 만든 것이다.

인천 어린이집 학대 교사들도 마찬가지다. 아이가 말을 듣지 않는다면 설득하고 이해시키는 게 옳다. 그러나 그러지 않고 관철시키려 했다. 아동은 군인이 아니다. 아니 요즘 군대도 그러지 않는다. 이들은 이해와 수용, 공감이라는 가장 기본적인 교사의 자질에서 벗어나 명령과 통제, 관철과 폭력이라는 조폭 세계에서나 볼 법한 언행을 저지른 것이다. 좋음과 나쁨이라는 자기만의 원칙은 있는지 모르지만 그 대상에 대한 소중함이 부재한 채 교사가 되었으니 이들의 교육은 교육이 아니라 사육에 가까웠을 것이라 본다. 원래 아이들은 말을 잘 듣지 않는다. 그게 정상이다. 그러니 더 설득하고 이해시키는 게 교육의 목적이 아닐까 생각한다.

심리학자인 마가렛 말러는 "사람은 어머니 몸에서 한 번 태어난다고 생각하지만 정서적으로 어머니로부터 분리하면서 두 번 태어난다"고 말했다. 한 번 태어나는 것은 동물이고, 두 번 태어나는 것은 사람이라는 것이다. Good과 Bad의 주관성에 갇혀 사는 것은 동물도 마찬가지다. 사람은 Good과 Bad를 뛰어넘는 가치를 발견하고, 때로는 좋음과 나쁨을 초월하여 자기를 희생할 줄도 아는 승화된 심리와 행동을 하기도 한다. 결국은 성숙함의 문제다. 아동학대를 방지하고 이런 저런 교육도 해야 하겠지만 더 중요한 건 인간됨의 가치와 성숙함을 통해 사람을 대하는 자세다. 그리고 그런 자세는 자기자신을 어떻게 대하느냐의 문제에서 비롯된다.

'네 이웃을 네 몸처럼 사랑하라'는 성서의 말씀이 있다. 내 몸을 제대로 사랑할 줄 아는 자가 내 이웃도 사랑할 줄 안다. 자기 내면의 어린 아이(inner child)를 사랑할 줄 아는 교사만이 교사 곁에 있는 아이를 제대로 사랑할 줄 안다.

## 08

# 자기불신에서
# 자기신뢰로

근대 철학의 아버지라 불리는 르네 데카르트는 진리 추구를 위해 모든 걸 회의하고 의심했다고 한다. 그러다 보니 남는 건 단 하나, 그렇게 의심하고 있는 자신만은 의심할 수 없었다고 한다. 그렇게 더 이상 의심할 수 없는 '나'에서 근대인의 자의식이 탄생한 것이다.

누구나 자기 확신을 위해 어느 정도 자기 의심은 필요하다. 그러나 그 정도가 지나치다면 문제가 달라진다. 세상에서 가장 중요한 대상은 누가 뭐래도 '나'다. 내가 없이는 신도 없고, 우주도 없다는 말이 틀리지 않다. 그래서 다음의 세 가지가 인류에게 정말 중요하다.

첫째로 나와 자연과의 관계다. 자연은 이름 그대로 스스로 늘 있어 왔던 것이었으나 최근 이상기온으로 인해 자연과 인류가 조화로운 관계를 맺지 못하면 인류가 자멸할 수도 있다는 경각심이 커지고 있다. 차라리 다행이라 생각한다.

둘째로 나와 하나님과의 관계다. 이를 신앙이라 한다. 하나님과의 관계를 통해 인간이 갖는 실존적인 문제를 처리할 수 있다. 구원의 문제, 죽음의 문제, 죄의식의 문제, 고통의 문제, 그리고 영원한 생명의 문제. 신앙은 목숨만큼 중요한 가치다.

셋째로 나와 이웃, 즉 인간들과의 관계다. 인간관계의 조화로움과 평화로움이야말로 내 자아를 편안하게 만들 수 있는 기초가 된다.

프로이트의 등장 이후로 이 세 가지 관계보다 더 중요한 관계가 있다는 것이 드러났다. 그것은 바로 '나와 나'의 관계. 융의 말을 빌리자면 자아와 자기의 관계요, 자기의식과 무의식과의 관계이며, 지금의 나와 과거의 나의 관계이며, 어른인 나와 내면 아이와의 관계를 의미하기도 한다. 이처럼 나와 나의 관계가 조화롭지 못하면 모든 게 어긋난다.

나와 나의 관계가 드러난 모습을 자아상(self image)이라 한다. 자아상의 변화는 운명의 변화와도 같다. 내가 나 자신의 자아를 평가하는 것을 자존감(자기존중감, self esteem)이라 부른다. 그래서 자존감이 낮고 자아상이 부정적인 사람은 항상 자기가 불편하다. 내가 나인데 내가 나를 불편해한다면 삶이 어떨까. 그게 생지옥이라 생각한다.

상담을 하다 보면 의외로 이런 생지옥을 경험한 사람들이 적지않다. 자기가 자기를 불신하는 것이다. 예로 친구 두 사람이 있다 하자. 한 친구가 옆 친구에게 "나는 너를 믿어. 너도 나를 믿어?"라고 질문한다. 그런데 이 옆 친구는 "나도 믿어"라고 체면상 말을 하지만 마음으로는 "내가 저 애를 믿나?"라고 의심한다. 그리고 고민에 빠진다. 내가 어디까지 믿어야 믿는다고 생각할까? 그리고 어디까지 믿어야 믿는 것일까? 51%? 80%? 아니면 100%? 그런데 정말 정직하지 않은 친구라면 그런 의심을 하지도 않을 것이다. 그에 비하면 이 의심 많은 친구는 그나마 신뢰하려는 노력을 의심으로 표현한 것이다.

다만 이 친구는 지나치게 "너는 나를 믿니?"라는 말에 꽂혀서 자신이 정말 믿고 있는 것인지 생각하고 또 생각한 것이다. 즉, 확인이 병이다. 지금 안 믿을 이유가 없다면 그걸 믿음이라 생각하면 되는데, 믿지 않을 자신의 가능성을 생각하며 고민하는 것이다. 왜냐하면 자기자신의 감정을 불신하는 마음이 강했기 때문이다. 그럼 왜 그렇게 자신을 불신했을까? 불신도 학습이다. 보고 배운 것이다. 물론 슬프게도 대부분 그런 불신은 부모로부터 시작된 불신이다.

심리학자인 에릭 에릭슨의 유명한 8단계 이론에서 가장 중요한 1단계인 부모(특히 엄마)와의 관계에서 아기가 배우는 것은 기본적인 신뢰다. 이 신뢰감이 실패하면 아기는 내면에 불신과 의심을 확장한다. 아기들은 자기를 돌봐주는 엄마라는 대상이 엄마이면서, 온 세상이면서, 최초의 친구이면서, 하나님과도 같은 존재다. 아기는 엄마가 자기를 대하는 행동을 통해 자기 주위의 사람들을 신뢰할 수 있을까를 고민하게 된다. 이 고민이 해결되면 '희망'이 생겨난다. 희망은 바로 이런 믿음(신뢰를 바탕으로 한 믿음)에서 시작된다.

문제는 이런 신뢰가 깨지게 되면 아기들은 모든 걸 의심하고 고민하게 된다. 믿고 싶으나 믿어지지 않는다. 무엇보다 자기 스스로를 의심하게 된다. 자기 능력과 행동을 의심하고, 자기 마음을 불신하게 된다. 이런 사람의 특징은 자가용으로 비유하면 시동만 켜고 1m도 나아가지 못하는 것과 같다. 앞으로 나간다는 것은 모험을 한다는 것인데, 그런 모험이 두렵기 때문에 나아가질 못하는 것이다.

그래서 확인 강박에 들어간다. 안정성의 욕구를 확인 강박으로 반복한다. 이것은 일종의 무한한 게임과 같다. 의심하고 믿어 보고, 믿어 봄을 다시 의심하고 믿어 보고, 또다시 의심하고 믿어 보고(정확히는 믿어 보려 하고), 이건 개인에게 심리적 지옥과도 같다. 이게 습관이 되어 나타난 증세가 바로 강박증인 것이다.

강박증의 핵심은 불안이지만, 불안의 핵심은 불신이며, 불신의 핵심은 자기 불신이다. 스스로를 믿지 못하는 것이다. 그래서 필요한 것이 자기 화해다. 그러나 자기를 이해해야만 가능한 것이 자기 화해이기도 하다. 자기 이해가 부족하여 자기 화해를 못하고 자기 불신에 사로잡혀 사는 사람들이 많다. 자기 이해란 정확히 자기 감정의 문제를 언어화(verbalization)할 수 있을 때 가능하다. 그런 언어를 찾지 못하면 막연하고 혼란스러운 감정의 안갯속에서 헤어나오지 못한다. 그러나 그 안개 역시 자기가 만들어낸 것임을 잊지 말아야 한다.

사람은 관계를 통해 세상에 나왔기에 관계를 통해 성장하고 관계를 통해 상처받는다. 그래서 상담적 관계, 신뢰적 관계를 통해 이런 문제들이 다루어지지 않는다면 계속 그 병을 끌어안고 살 수밖에 없다. 상담은 그런 사람들에게 자신만의 감정의 언어를 찾아주는 일이다. 물론 상담이 모든 강박을 해결한다는 말은 아니다. 강박치유의 주체는 내담자 스스로다. 거기서부터 시작해야 한다.

## 09

## 자기자신 사랑하기

 스위스의 철학자 칼 힐티가 쓴 『밤을 잊은 그대에게』를 읽으며 밤을 지샌 적이 있다. 그러나 상담을 해 보면 그런 밤샘은 낭만에 불과했고, 자고 싶은데 잘 수 없어서 고통당하는 수많은 사람들을 만나면서 정말 잘 자는 것이 큰 축복이라는 생각이 들었다. 왜 남들 다 자는데 나는 자지 못할까.

 신경 생리학적인 접근은 뇌를 말하지만 나는 '잠도 무의식이 동의해줘야 잘 수 있다'고 생각한다. 프로이트는 무의식에 이르는 왕도는 꿈이라고 했다. 그런데 꿈을 꾸려면 잠을 자야지 않겠는가. 잠들지 못하는 이유는 정말 다양하다. 분명한 건 근심이 많다든지, 잠을 자야만 한다는 강박관념에 시달린다든지, 밤만 되면 각성상태가 지속된다든지, 이런 상태라면 전문인의 진단을 받을 필요가 있다.

딸아이가 어릴 때는 옆에서 재워달라고 했다. 곁에서 5분 정도만 누워서 등을 토닥여주면 바로 잠이 들고 코까지 고는 모습이 기억난다. 누우면 바로 잠이 드는 아이를 보면서 너무 부럽기도 했다. 하지만 모든 아이들이 눕는다고 바로 잠을 자는 것은 아니다. 딸아이가 바로 잠을 잤던 이유는 안정감 때문이었다. 불안할 일이 없었다. 엄마 아빠가 자기 곁에 있고, 토닥여주는데 잠을 못 잘 이유가 없었다.

그러나 어린 시절 그런 토닥임을 받고 자라지 못한 사람들의 경우 잠을 자는 것 자체가 큰일이 된다. 가장 자연스러워야 할 일이 가장 어려운 의식(ritual)이 되는 것이다. 잠을 자지 못하는 것은 커다란 긴장이 사라지지 않는 것이다. 잠을 자는 동안에 무슨 일이 생길 것 같다는 긴장, 이대로 잠을 자는 건 너무 억울하다는 긴장, 반드시 해결해야 할 일이 있는데 내가 마음 놓고 잠만 잘 수 없다는 긴장, 이런 사람들은 의식으로 자신을 지키려고 한다. 잠은 사실 몸이 원해서 자는 것이다. 자는 과정에서도 정신은 깨어 있다고 하지 않나. 정신이 몸의 논리마저 빼앗아 가는 것이다.

몸은 몸이다. 몸은 늘 몸의 논리대로 살아가려고 한다. 그리고 그 몸의 논리대로 가면 몸이 좋아진다. 얼마 전 3일을 내리 쉴 수 있는 흔치 않은 시간을 보냈다. 집에서 먹고, 졸리면 참지 않고 자고, 다시 먹고, 책보고, 다시 졸리면 자고를 반복했다. 놀랍게도 몸이 하자는 대로 하니 심신이 편안했다. 이런 몸을 구박하고, 강의한다고 긴장시키고, 상담하다가도 밀려오는 졸음을 내담자가 볼까봐서 참고, 참 어렵게 살아왔다.

암 환자가 회사를 때려치우고 절간에 들어갔다고 한다. 기독교인이지만 몸 회복을 위해서였다고 한다. 그는 그곳에서 성경을 읽다가 졸리면 자고, 기도하다가도 졸리면 자고, 깨면 산책을 하고, 배가 고프면 먹고, 안 고프면 안 먹고, 다시 잠이 오면 자고를 반복했다고 한다. 그렇게 3개월을 보내니 몸이 가벼워져서 병원에 내려가 진단을 받으니 암이 사라졌다는 것이다. 물론 예외적인 사람이겠지만 그만큼 몸의 논리를 따라주다 보니 그렇게 좋아지더라는 것이다.

'영국 사람 중에는 코미디언이 없고, 스페인 사람 중에는 철학자가 없다'는 말이 있다. 우스갯소리로 만든 말인데, 영국은 정말 날씨가 흐린 날이 많다. 비도 잦고, 그런 나라(환경)에서 희극 배우가 나오기 어렵다는 말이다. 태양이 강렬한 스페인은 놀기 좋아서 심각한 철학자가 나오기 힘들다는 말이다. 그런데 스페인에는 시에스타라는 낮잠 시간이 있다. 밥 먹고 두 시간 정도 잠을 잔다고 한다. 그런데 그런 결과로 스페인 사람들은 활기차게 삶을 즐기고 누린다는 것이다. 늘 일 중독자로 살아야 하는 우리나라 사람들이 참 불쌍하다.

자신을 위해 시에스타를 외치고 잘 수 있다면 그게 축복이다. 시편에 보면 여호와께서 사랑하는 자에게 잠을 주신다 하셨다. 잠은 하나님의 축복이자 '하나님의 사랑'이라는 신뢰의 결과로 주어진 선물이다. 자기자신을 사랑하고 있다면 잠을 못 잘 이유는 없다. 그게 바로 무의식이 의식을 통의해주는 것 아니겠는가. 잘 자는 것부터 시작해야 자기 통합도 가능하다. 잘 못 자는 것, 잠은 잤는데 늘 뒷골이 아픈 것은 무의식에 휘둘리는 것이다. 그만큼 해결할 문제가 산적해 있다는 반증이기도 하다. 그 무의식을 의식화시킨 후 다시 무의식화시키는 과정이 잠이다.

# 아파서 알게 된
# 내 마음

## 2

## 01

## 지금도
## 괜찮아

내 어린 시절에는 나라 경제가 어려워서인지 늘 구호가 넘쳐났다. 지금도 기억나는 것은 선생님이 우리에게 거울을 보며 "넌, 할 수 있어!"라고 두세 번 외치며 하루를 시작하라고 한 것이다. 그 당시 내 자존감이 낮아서인지 이상하게도 그런 결심을 하면 더 혼란이 밀려오곤 했다. "넌, 할 수 있어"라고 말하면 마음속에서 "네가 잘할 수 있는 게 뭐가 있는데?"라는 반문이 떠올라 힘들었다.

자존감이 낮은 사람은 스스로를 칭찬하면 기분이 좋아지는 게 아니라, 칭찬받을 만한 무언가를 해야만 한다는 압박감이 행복이나 만족보다 먼저 올라온다. 그래서 "할 수 있다!"라고 말하면 "뭘 할 수 있느냐"는 힐난과 비난이 섞인 목소리가 불현듯 튀어나오는 것이다. 세월이 흘러 지금 그때의 기억을 다시 재구성한다면, 하는 만큼 가치 있다는 초자아에서 벗어나 있음을 본다. 거울을 보며 "넌, 할 수 있어"가 아니라 "괜찮아"라며 여유있는 존재(Being)의 충만을 경험한다.

얼마 전 여자 한 분과 상담을 진행했다. 자존감도 낮고 수동적이며 무기력을 호소하는 것 같았다. 그 무기력감에서 혼자 벗어나기 힘들어 상담을 신청한 것이다. 1시간씩 3회차를 하고, 거의 상담이 마무리 되려는 시간에 내담자는 지금 자기가 무얼해야 할지를 모르겠다고 했다. 그래서 3시간 상담을 하며 느낀 바를 이야기해주고 "운동은 ~하고, 남은 시간은 ~을 어떻게 진행하면 좋을 것 같고, 앞으로 진로 문제는 미리 준비하는 게 좋을 것 같다"고 말해 주었다. 그런데 분위기가 뭔가 어색하다는 걸 눈치채고 "제 말이 혹시 마음에 들지 않으세요?"라고 물었다. 그러자 그녀는 울먹이는 목소리로 이런 말을 했다.

"지금 하신 말씀요. 하나도 틀린 말이 없어요. 그리고 선생님은 제가 상처 받지 않도록 부드럽게 말해 주셨지만 그 말들은 사실 평생 제 부모님에게서 들었던 말이에요. 그런데 선생님의 말을 듣다 보니 제가 마치 비난하는 아버지 앞에 있는 느낌이 갑자기 드는 거예요. 그래서 나도 모르게 의기소침해졌던 것 같아요."

나는 물었다.

"그럼 무슨 말을 듣고 싶으세요?"

이어진 그녀의 대답이 내 마음에 충격과 울림을 주었다.

"무엇을 해야만 한다고 하지 말고요. '지금도 넌 괜찮아'라고 말해주면 좋겠어요."

지금도 그 말의 울림이 가슴에 차 있다. 그 말은 나 역시도 듣고 싶었던 말이었기 때문이다. 아니, 우리 모두가 그 말을 듣고 싶었던 것이다.

"지금도 괜찮아."

나이가 들어서 살아온 세월을 돌이켜 보니 왜 그렇게 우리 어린 시절은 편안하지 못했을까 생각해본다. 그 시절은 왜 그렇게 사람을 달달 볶듯 살았는지 모르겠다. 지금이나 그때나 우리 아이들이 공부 문제로 고생하고 있지만, 그 당시는 시험이 너무 많았다. 학교는 언제나 시험으로 시작해 시험으로 끝났다. 또한 개성이 드러나면 모났다고 망치를 들이대던 시절이었다. 개인보다는 집단의 가치, 일반 시민보다는 군대의 가치가 더 압도적이었기 때문이다. 그런 사회에서 우리 모두가 듣고 싶었던 말은 "네가 ~을 잘 해서 괜찮아"가 아니라 "네가 존재해서 괜찮아. 네가 그저 너여서 괜찮아"였다. 우리는 모두 그 말에 한이 맺혀 있던 것이다.

아침마다 세수하기 전에 얼굴을 본다. 얼굴에 잔주름은 왜 이리 늘었는지 인상을 쓰려 하다 "아차" 한다. 그리고 다시 거울을 보며 슬쩍 웃어준다. 어색한 웃음이지만 잠시 일부러 웃어준다. 머리는 눌려 있고, 눈은 충혈되고, 얼굴은 부어 있어도 나는 나에게 웃어준다.
"넌, 할 수 있어."
이런 말을 그만둔 지 오래다. 그냥 웃어준다. 그렇게 아침마다 나를 만나고 싶다. 내 평생 그렇게 거울을 보며 존재의 긍정이 주는 작은 즐거움을 누리고 싶다. "지금도 괜찮아!"를 사람만 하는 것은 아니다. 하나님도 우리 인생들에게 그렇게 말씀하신다. 이 말이 믿어지지 않는다면 하나님을 오해하며 살아온 것이다.

## 02

# 그 누구도
# 나를 화나게 할 수 없다

　인간에게 주어진 네 가지 커다란 감정은 희로애락이다. 그중에서 가장 문제가 되는 감정이 있다면 노(怒), 즉 분노의 감정일 것이다. 분노는 화(火)이다. 불은 다 태워야 직성이 풀린다. 세상의 그 어떤 관계든지 화를 낼 일이 없으면 깨어질 일이 없다. 모든 관계를 깨뜨리는 감정은 바로 분노다. 불교에서는 108배나 명상을 통해 분노를 조절하는 훈련을 한다. 기독교에서는 기도라는 좋은 도구가 있으나 슬프게도 솔직한 기도에 대해서는 잘 가르치지 않는다.
　분노에 대한 중요한 사실은 그 누구도 나를 화나도록 만들 수 없다는 것이다. 화는 스스로가 내는 것이지, 누군가가 화내도록 하는 것은 아니다. 음주운전을 하던 차가 갑자기 내 차를 박았다면 당연히 차 문을 박차고 나가 화를 낼 것이다. 그런데 여기서 우리가 하나를 생략했음을 인식하지 못한다. 사고가 난 순간, 우리는 놀라지만 상황을 보고 즉시 판단을 한다는 것이다. "아, 음주운전 차가 내 차를 박았네. 화를 낼까, 나가서 말을 건넬까?" 물론 운전자 자신이 상처를 입거나 피가 나면 순간 뵈는 게 없을지도 모른다. 그러나 그런 상황이라도 우리는 아주 짧은 찰나의 순간에 생각을 한다는 것이다. 그 상황에서 화를 낸다면 그건 화가 난 것이 아니라 화를 내기로 '선택'했다는 것이다.

여기서 중요한 것은 우리의 감정은 우리가 주인이라는 것이다. 그 누구도 나를 화나도록 만들 수 없는 것이다. 누군가가 나를 화나게 했다면 그 사람이 내 감정의 주인이라는 말인가? 물론 크게 화날 상황에서는 이런 말은 사치일지 모른다. 하지만 짜증 수준의 화가 날 상황에서는 이런 말이 도움이 될지도 모르겠다. 다시 말하지만 모든 감정은 자연스러운 반응이기도 하지만 동시에 나의 선택의 결과라는 것이다. 또한 내 마음에 걸릴 게 없으면 화가 나지 않는다. 이성계와 무학대사가 나누었다는 이야기가 있다.

"무학대사, 난 당신을 볼 때마다 돼지가 생각납니다. 얼굴이 돼지 같이 보이오."

그러자 무학대사가 싱긋 웃으며 말했다.

"허, 그렇소? 난 당신을 볼 때마다 부처님이 떠오르던데."

이성계가 묻는다.

"난 당신을 돼지 같다고 하였는데, 왜 당신은 나를 부처 같다고 하나요?"

"부처 눈에는 부처가 보이고, 돼지 눈에는 돼지가 보이는 법이지요."

자기의 심상(image)이 어떠하느냐에 따라 보여지는 게 달라진다는 말이다.

내가 어릴 적에 깡패라 불리던 불량배들이 있었다. 그 깡패들이 길을 가다 시비를 건다. 시비의 내용은 거의 대동소이하다.

"당신, 나 무시해? 왜 째려봐?"

사실 누가 어깨에 힘 주고 인상 쓰는 사람을 무시하겠나. 늘 자기 마음에 나는 무시받는 사람이라는 심상이 있기에 그런 말을 내뱉고 괜한 사람을 괴롭히는 것이다.

매트릭스로 유명한 배우 키아누 리브스가 젊은 시절 만든 영화 〈리

틀 붓다〉를 감명 깊게 본 기억이 있다. 붓다가 보리수 밑에서 깊은 수행을 하고, 깨달음의 직전에 커다란 유혹이 쓰나미처럼 찾아온다. 수행하는 붓다를 위협하기도 하고, 성적으로 유혹하기도 하고, 애절하게 설득하기도 한다. 그런데 눈 하나 까딱하지 않는다. 이유는 더 이상 그런 유혹이 붓다의 마음에 들어올 수 없었기 때문이다. 유혹이란 유혹받을 만한 것이 내 속에 들어 있으니 유혹이 되는 것이다. 한 번 사기를 당하면 사기를 당한 것이지만 두 번 사기를 당했다면 내 마음에도 사기와 연관된 그릇된 마음이 없었는지 돌아봐야 한다.

나는 수행(修行)이라는 단어를 좋아한다. 스님이나 종교인들만 하는 것이 아니다. 태어나는 순간부터 삶은 수행의 과정이다. 성숙하다는 건 결국 자기감정의 주체가 된다는 것이다. 프로이트는 "우리는 우리 자신의 주인이 아니다"라고 말했다. 앞의 '우리'는 자아를 의미하며, 뒤의 '우리'는 무의식을 의미한다. 우리는 각자의 무의식을 죽을 때까지 다 알지 못하기에 우리의 주인이 되지 못한다는 것이다. 그러나 뒤집어 보면 우리가 무의식을 의식화시키는 만큼 우리는 우리 자신의 주인이 될 수 있다. 감정의 주인이 되어 감정을 돌보며 감정을 수행하는 삶, 그런 삶이 삶을 복잡하고 갈등하게 만들 리가 없다. 정리되지 않은 감정을 가진 자만이 삶을 복잡한 쓰레기통으로 만드는 것이다. 비춰내야 한다. 어느 누가 나를 화나게 하는 것이 아니다. 화는 바로 내가 내는 것이다. 우리가 얼마나 투사(남 탓)에 익숙하게 살아왔는지, 분노라는 감정은 우리 자신이 갖는 연약함의 민낯을 보여준다.

# 03

# 컨테인(Contain)
# 비온(Bion)

　상담을 오래 한 사람들은 공통적으로 "처음에는 쉬웠는데 갈수록 어렵다"라고 말한다. 인간을 알아가면 알아갈수록 무식하면 용감하다고 너무나 용감(?)하게 상담을 했던 시절과 상담자로서 조금 철이 든 시점을 생각하면 그 말이 무슨 말인지 이해가 간다. 정신분석 역사에서 프로이트와 비견될 만큼 걸출한 인물로 윌프레드 비온(W. Bion)이라는 정신분석학자를 꼽는다.

　그는 다른 심리학자들처럼 무언가를 안다는 것에 대해 말하기보다 오히려 'I DON'T KNOW', 즉 모름, 알 수 없음, 무지함, 이해 불가능에 대해 연구한 인물이다. 이미 철학에서는 임마누엘 칸트가 이런 말을 했다. "우리는 결코 물자체(物自體)를 이해할 수 없다." 내 앞에 펜이 있다면 펜이라고 알 수 있는 것은 만져지고 보여지는 이미지와 느낌일 뿐이라는 것이다. 우리는 그런 경험을 통해 무언가를 안다고 하지만 실상 우리가 아는 것은 만져지고 보여지는 것일 뿐 정말 그 자체, 물자체는 알 수 없다는 말이다. 칸트는 우리 인식의 한계를 보여준 것이다.

비온의 논지대로 보자면 우리가 누군가를 만나면 '이해한다'라는 말을 신중하게 사용해야 한다는 것이다. 왜냐하면 사람은 누구나 자기 수준에서 이해하고 수용하기 때문이다. 이혼을 한 엄마가 아들과 헤어지면서 "엄마가 우리 ○○이의 마음 이해해. ○○이도 엄마 마음 이해하지?" 이렇게 말하면 일반적으로 아이는 고개를 끄덕인다. "응, 엄마 이해해." 하지만 서로가 서로를 정말 이해한 것이 맞을까? 오히려 이해하고 싶다는 말이 이해한다는 말보다 더 정직한 표현 아닐까?

비온은 수많은 정신병 환자들을 만난 사람이다. 그래서 그런지 그는 그들이 호소하는 고통을 일반 사람들의 정신 상태에서 이해하려는 시도를 포기하라고 말한다. 그 사람들은 주파수가 다른 것이다. 그러나 많은 사람들이 자신이 쓰는 주파수를 상대가 쓰지 않고 감지하지 못한다 하여 융자를 시키고 외면하고 고립시킨다면 그것은 또 다른 폭력이 된다. 그렇게 소외된 자의 가슴에는 블랙홀 같은 구멍이 뚫린다. 이 넓은 세상에 나 혼자 덩그러니 버려진 느낌이다.

　이해할 수 없는 사람들의 마음 상태, 그걸 나는 사연(私然)이라고 부른다. 나만이 그러하다는 뜻이다. 사연을 누가 이해할까. 하나님, 나, 그리고 누구? 그런데 하나님은 안 보이고 아무 말도 안 하신다. 나는 여전히 혼자 있다. 한숨이 나온다. 사연만 쌓여간다. 사연이 커지면 한(恨)이 된다. 한이 맺히면 삶을 죽음의 방향으로 몰아간다. 중독에 빠지고, 사람들을 외면하고, 세상이 전쟁터같이 보이고, 다 좀비같이 보인다. 나를 박해하고, 괴롭히고, 나를 흘겨보고, 무시하는 것같이 보인다. 실제는 그러지 않은데, 그렇게 느껴지며 점점 미쳐간다. 너무 아프니까 미쳐가는 것이다. 사실은 다 정상인데, 아니 정상이었는데 말이다.

　자살자, 우울한 사람, 자해하는 사람, 표정이 어두운 사람, 입만 열면 욕하는 사람, 잠자는 것으로 징그러운 현실을 잊으려는 사람, 중독자, 섹스에 미친 사람, 지나치게 밝은 사람 등 모두가 페르소나(persona, 가면을 쓴 인격)다.

　비온은 너무나 고통당하는 사람들을 마주하면서 한 가지 진리를 깨달은 것 같다. 컨테인(contain)이라는 개념이다. 담아준다는 의미다. 자신이 큰 용기(그릇)가 되어 상대를 무의식적으로 담아주는 것이다. 거기에는 언어가 필요 없다. 그저 눈빛이 말할 뿐이다. 비온은 이해의 역설을 이해했다. 이해한다고 이해하는 것이 아니다. 이해할 수 없다 하여 이해할 수 없음도 아니다. 이해란 하나의 방편일 뿐이다. 밑도 끝도 알 수 없이 마주한 당신, 그리고 그 당신이 바라보는 밑도 끝도 알 수 없는 나. 이 두 사람이 마주하며 존재한다는 사실 하나만으로 이미 이해는 시작되고 있는 것이다. 이해는 이해한 후에 이해할 수 있다. 이해하려고 하는 마음보다 컨테인이 우선이다. 말보다 눈빛이 먼저다. 눈빛보다 마음이 더 먼저라는 말이다.

## 04

# 태아시절의 상처,
# 극복할 수 있을까

정신분석의 역사에서 태아기 중요성을 강조한 인물은 영국의 소아과 전문의이며 정신분석가였던 도널드 위니캇이다.

동양에서는 태아기의 중요성을 서양보다 훨씬 먼저 인지하고 그 중요성을 강조했다. 그래서 태교라는 말이 나오게 된 것이다. 상식적으로 생각해도 정자와 난자가 만나 한 인간의 모습으로 서서히 변화해가는 태아기에 수많은 스트레스에 시달렸다면 출생한 이후에도 그 아기는 적지않은 심신의 고통을 겪게 된다. 내가 상담한 경우에서도 아빠가 임신한 아내의 배를 발로 걷어차고, 부부 싸움을 한 후에 엄마가 뱃속의 아기를 지울까 말까를 고민하고, 실제 아이를 지우기 위해 간장을 들이마시고 높은 언덕에서 거적을 뒤집어 쓴 채 구르는 등의 황당한 이야기들을 적잖이 접하곤 했다. 가장 축복받고 아무런 근심 없이 성장해야 할 태아가 엄마의 몸 속에서 받는 영향에 대해 좀더 구체적인 연구가 필요하다 생각한다. 분명 산모가 화가 나면 몸에서 아드레날린이 분출될 것이고, 그런 아드레날린이 결국은 태아의 심신(특히 뇌 발달)에 크고 작은 영향을 줄 것이라 보기 때문이다. 그 시기에 상처가 있었던 사람들은 한결같이 우울하거나 죽고 싶거나 아주 예민한 성향을 띤다.

예전에 '태아기에 상처가 있는 사람들을 치유하는 법'을 연구하던 중 집단 상담에서 흥미로운 퍼포먼스하는 것을 보았다. 커다란 담요에 상처가 있는 사람을 태아 자세로 눕게 한다. 그리고 그 사람의 몸에 얇은 담요를 둘둘 말아준다. 그리고 커다란 담요의 양 끝을 여러 사람이 잡고 살짝 든다. 그리고 〈당신은 사랑받기 위해 태어난 사람〉을 불러준 후, 한 사람씩 중앙에 있는 태아 어른에게 축복의 말을 한다. 그런 축복의 말을 다 한 후에 큰 담요를 그 사람 몸에 천천히 한 겹 두 겹 보자기처럼 싸이도록 한다. 그리고 사회자가 "세상에 나오고 싶은 마음이 들 적에 고개를 끄덕여 주세요" 하면, 잠시 후 태아

어른은 고개를 끄덕인다. 그리고 덮인 담요를 한 사람씩 연 후에 그 사람을 향해 손을 내민다. 그 사람이 손을 잡으면 그를 향해 〈해피 버스데이 투유〉를 불러준다. 어찌 보면 장난처럼 하는 행동이지만 이런 과정 속에서 통곡하는 사람도 있고, 최면 상태처럼 꼼짝을 못하고 누워 있는 경우도 있다. 이런 행동의 이면에는 결국 '애도'의 문제가 있다. 태아기 시절의 고통이 있는 사람들에게 그렇게 해서라도 애도하도록 돕는 방법이기 때문이다. 분명 그 사람은 성인이지만 스스로 내면에 갇힌 상처받은 자신의 태아를 연상하며 그런 작업을 통해 자신의 출생이 저주가 아니라 기쁨과 감사와 환영임을 확인시켜 주는 의미 있는 퍼포먼스였던 것이다.

이와는 별도로 태아기에 상처가 있는 분들이 생각해야 할 것이 있다. 우선 아무리 상처가 있어도 '지금의 나'는 살아있다는 것이 더 중요하다는 것이다. 엄마가 나를 낙태하려고 별짓을 다했든 나는 하나님의 섭리 안에서 낙태 당하지 않고 세상에 존재하고 있다는 사실이다. 이 사실이 그 무엇보다 중요하다는 걸 자각해야 한다. 지금의 나는 별 볼 일 없고, 무조건 태아 시절의 상처만을 생각하고, 마치 최면에 빠진듯 자신의 우울증을 태아 시기의 문제로 투사한다면 그건 상처가 아니라 어리석음이 되는 것이다.

인간은 왜 나이라는 걸 먹는가? 동물이야 나이 들면 늙고 병들어

죽는 게 다지만 우리는 인간이다. 나이든 인간은 젊은 인간에 비해 다른 게 있다. 경험이 많고 그로 인한 지혜가 젊은이보다 더 나은 것이다. 그런데 그런 삶의 과정을 다 무시하고 오로지 상처받은 것만 생각하고 괴로워 한다면 나이를 헛먹은 것이다.

나도 중년 나이가 되었다. 중년이 되면 그 누구라도 호르몬의 지배를 받게 된다. 그래서 피부가 늘어지고 주름이 생기며 머리도 빠지고 흰머리가 늘어간다. 기억력은 더 빨리 문제가 되는 것 같다. 그러다 보니 남는 건 삶에 대한 허무함과 우울함이 우리의 감정과 이성을 압도한다. 그러다 문득 자신이 환영받지 못하고 태아시절 상처투성이라는 걸 알게 되면 삶은 더욱 더 나락으로 빠져든다. 그럼 모든 불행의 원인을 현재에서 찾으려 하지 않고, 오로지 태아기 문제로 찾으려 한다. 이게 문제다. 태아시절에 문제가 있었다면 기형아로 태어나 중증 장애아가 되었든지, 정신이 온전치 않아 정신 병동에 수감되어 있을 것이다. 우리는 태아기 시절이 가장 큰 문제라고 생각하는 그 '생각'이 진짜 문제라는 걸 직시해야 한다.

나는 어린 시절이 불행했던 사람들에게 종종 헬렌 켈러를 생각해 보라 권한다. 그녀가 출생할 때부터 삼중고를 갖고 태어난 아이는 아니었다. 출생도 정상이었고 한 살 때에도 정상이었다. 그런데 심각한 홍역을 앓은 이후 안 들리고 안 보이고 말도 할 수 없는 상황이 되었으니 아이가 미치지 않겠는가. 그래서 헬렌 켈러는 누구도 돌볼 수 없는 난폭하고 괴상한 아이로 자라지만 우리가 다 알듯 그 집에 설리반 선생님이 방문하여 이 괴물 같은 아이를 서서히 인간으로 변화시켰다. 그리고 그 아이는 훗날 장애를 극복하고 미국 사회를 변화시키는 인물로 발돋음하게 된다. 그리고 그 모든 절대적 승리는 바로 설리반 선생님의 헌신과 사랑에서 비롯되었다고 고백했다.

　20년 동안 상담을 하면서 느낀 건 우리나라 사람들은 심성이 곱고 순수하지만 쉽게 화내고 짜증과 서운함이 많으며 그로 인한 억울함과 우울함이 깊다는 것이다. 문제는 다른 나라 사람들도 비슷할 수 있지만 우리나라 사람들은 자신들의 고통스러운 이야기를 있는 그대로 들어줄 수 있는 사람이 부재하다는 것이다. 있다고 해도 조언이나 충고, 그리고 말 끊고 갑작스레 개입하는 등의 문제로 인해 더 이상의 이야기가 진전되지 않는다. 결국 전문 상담자가 개입되어야 하는데, 고통스러운 과거 이야기를 제대로 듣고 이해하고 반영하고 공감해줄 사람을 찾아야 한다. 그런 과정 없이 스스로 해결해 보겠다는 것은 참 어리석은 행동이다.
　태아시절의 가장 큰 상처는 거절로 인한 존재의 수치감이 원인이며, 그로 인해 생긴 심리적 방어기제가 나도 모르게 작동되어 진실한 나의 모습이 아닌 가면을 쓴 모습이 작용된다. 그러나 중요한 건 태아기가 아니다. 지금 여기다. 지금 여기에서 내가 느끼는 것이 중요하고, 내가 느끼는 것을 담아주듯 받아주고 들어주며 해석해주는 가이드가 필요하다. 상담자는 우물을 펌프질하기 전에 넣는 마중물과도 같다. 몇 번 물을 넣고 펌프질해 주면 그 압력으로 물이 솟구쳐 나오듯 잠시 내 마음의 아픔을 보듬는 존재다.

모든 상처는 치유하라고 나온 것이다. 맺히고 아프라고 있는 게 아니다. 모든 존재는 살려고 하지 죽으려 하지 않는다. 그 마음의 지향성을 갖고 우리가 어떤 상처를 갖고 살았든지 반드시 그 문제가 치유될 수 있다는 확신과 신뢰 속에서 문제를 극복하고, 문제 밑의 내가 아니라 문제 위의 나를 바라보게 될 것이다. 아픈 한(恨)은 맺히라고 있는 게 아니라, 풀어지라고 생긴 삶의 앙금일 터니 말이다.

## 05

## 무서운 초자아에서
## 부드러운 초자아로

부모란 존재는 자녀의 마음 그릇을 만들어주는 대상이다. 지그문트 프로이트가 이런 말을 했다.

"내 어머니의 지극한 사랑이 아니었다면 나는 반대자들의 반대를 무릅쓰고 나의 이론(정신분석)을 펼칠 수 없었을 것이다."

프로이트는 엄마의 지나친 관심이 때로 짐이 되기도 했지만 형제 중에 가장 독보적인 사랑을 받게 되었고, 그 사랑의 힘으로 주변의 반대에도 불구하고 당시 사람들이 공감하지 못하는 정신분석학을 창시할 수 있었다.

부모의 말 한 마디, 부모의 격려 한 마디, 실패하고 넘어지고 좌절했을 때 안아주는 품과 눈빛, 이 모든 것을 통해 자녀는 새로운 세상을 바라볼 힘과 용기와 가능성을 얻는다. 그런데 그것이 없다면 부모란 존재는 무섭게 내면화된다. 즉, 감동을 주는 부모의 경험이 부재하다면 그런 사람의 마음에는 무섭고 내면화된 초자아로서의 부모 표상이 자리를 잡는다. 이 표상은 연약한 자아를 24시간 감시하며 자아가 무언가 주체적인 말이나 행동을 할 때 그 자아 바로 위에서 은근히 비웃고 경멸한다. 자격지심(自激之心)이 깊은 사람이 된다. 이런 사람은 절대 큰일을 하지 못한다. 하지 못해서 못하는 게 아니라 할 수 없게 만드는, 연약한 자아가 무엇이라도 해보려는 시도를 무자비하게 붕괴시킨다는 것이다. 흔히 영화에서 보듯 가난한 젊은 부부가 어렵게 포장마차를 마련하고, 오픈하자마자 구청에서 단속반원이나 자릿세를 요구하는 조폭들이 몰려와 집기를 부수고 화물차에 싣고 가버리는 그런 도습을 상상하면 된다. 아무것도 할 수 없고, 아무 힘이 없는 것이다.

나는 어린 시절부터 지독한 좌절을 반복적으로 경험한 사람들에게서 이런 증세를 발견한다. 내담자를 내리누르는 권위, 그게 아버지건 어머니건 할머니건 할아버지건 하나님이건 나는 그런 권위를 모두 다 붕괴시켜 버리는 작업을 한다. 권위를 완전히 해체하는 작업이므로 위험할 수 있다. 그런데 해야 한다.

어린 시절부터 너무 눌려 살아온 사람, 잔소리를 많이 듣고 살아온 사람 등, 그런 사람들의 내면에는 하나같이 자신의 연약한 자아를 무자비하게 깔아뭉개는 일종의 불도저 같은 권위와 잔혹한 초자아가 자아를 내리누르고 있다. 부모와의 관계가 불행했다면 반드시 이런 작업을 시도할 필요가 있다. 내면의 초자아만이라도 분석하고, 그것의 실체를 드러나게만 해도 자아는 숨쉴 수 있다.

프로이트를 이은 여성 정신분석가 멜라니 클라인은 유아기에 생겨난 초자아를 말했으나 어찌 되었든 초자아는 자아보다 앞서지 못한다.(일반적으로 초자아는 우리의 양심으로 드러난다. 즉 부모는 자녀에게 초자아를 심어주어 양심을 지키도록 하는 것이다. 사회를 살면서 도덕적인 아이가 되도록 만든다는 의미다) 그래서 초자아가 너무 강하다면 초자아의 무자비한 힘을 빼는 일이 중요하다. 자아의 힘을 강화시키면 초자아는 상대적으로 약화된다. 그런데 거기에서 심리적 진공상태가 일어나기도 한다.

예로 우리나라에 미군이 있을 이유가 전혀 없지만 안보상 존재하고 있다. 어느 날 미군이 자기 나라로 모두 돌아간다면 우리나라는 우리의 손으로 지킬 수 있는 상황이 된다. 하지만 북한이나 중국이 침략해온다면 그 전쟁이 쉬운 싸움은 아닐 것이다. 울며 겨자 먹기라는 말처럼 미군의 주둔이 어느 정도는 필요하다고 말하는 것과 같은 논리다. 그런데 우리나라는 미국을 향한 의존도가 너무 뿌리 깊다. 초자아도 그렇다. 정도껏 자아를 혼내고 정도껏 비웃어야 한다. 이게 자아가 붕괴 되고 힘을 잃고 살 의지마저 없게 만든다면 그것은 병리적 초자아요, 가혹한 초자아요, 해체해야 할 초자아인 것이다.

프로이트의 매력은 인간 삶의 주체성을 강조한 것이다. 나 역시 그런 주체성의 의미를 매우 중요시 여긴다. 신경증이란 자기 인생의 주체가 되지 못한 존재의 고뇌가 심신으로 드러난 증상이다. 한 번도 자기 삶에 주인으로, 혹은 주인답게 살아본 경험이 없는 것이다. 늘 눈치보고, 확인받고 허락받아야 하는 삶을 산 것이다. 자녀는 부모의 축복 이상으로 자라지 못한다. 그러나 그게 다가 아니다. 부모의 축복을 받고 자라지 못했다면 괜찮다. 내가 나를 축복하면 된다. 웃기는 말이 아니라, 가능한 말이다. 지독할 정도로 내가 나를 축복하면 된다. 그런 삶의 각오, 결단, 용기, 배짱이 필요하다.

자기 인생의 가장 밑바닥까지 가 본 사람은 두려울 게 없다. 그렇게 두려움 없는 마음으로 내가 나를 축복하면 된다. 그리고 내가 동의하지 않는 그 어떤 권위도 인정하지 않으면 된다. 그럴 때 가혹한 초자아는 부드럽고 권유적이며 관찰적 초자아로 바뀌게 된다.

그러니 그것도 알고 보면 연약하다고 생각해온 '자아가 할 수 있는 영역'이다. 자아는 의외로 할 수 있는 것이 많다. 그러니 초자아에 눌릴 이유가 없다. 할 수 있다면 해야 한다. 그래야 내 마음에도 별이 뜬다.

# 06

# 아팠다는
# 현실

 아픈 사람은 고통을 아는 사람이다. 고통은 분명 힘든 경험이다. 그러나 힘든 경험을 한 사람은 힘들지 않은 사람과 다른 정신세계와 자의식을 갖는다. 그 어렵다는 해병대에 입소하고 군 생활을 한 젊은이는 입대 전의 정신상태와 자의식을 갖고 제대 후의 삶을 살아간다.

 대부분 군대에 입대할 때 "군대 간다"고 말하지 않고, 군대에 "끌려 간다"고 말한다. 그러나 그렇게 끌려(?)간 군대에서 제대한 후 군대를 어떤 곳으로 생각하느냐 물으면 대다수 젊은이들은 군대는 힘든 곳이지만 한 번은 가봐야 할 곳이라고 말한다. 절대로 가선 안 될 곳이라 말하는 사람은 소수다. 원하지 않은 곳에 가서 원하지 않은 경험을 했는데, 나중에 보니 그 원하지 않은 경험이 자신의 삶을 이끌어가더라는 것이다. 아파트에서만 산 청년들이 언제 풀을 베어보고, 언제 청소를 해 보겠나? 그런 경험을 통해 '나도 이런 일을 할 수 있구나'라는 긍정과 이런 일을 하는 사람들에 대해 이해하는 마음이 더 깊어졌기 때문이다.

고통이 많았다는 것이 자랑은 아니지만 고통 없이 살았다는 것도 자랑은 아니다. 고통 없이 산 사람은 대부분 사람이 좋다. 그런데 그것뿐이다. 자기 혼자 만족하고, 자기 혼자 좋은 사람이 많다. 좋은 이미지는 있는데 강한 영향력은 없다. 아팠던 사람은 분명 주변 사람들에게 강한 영향력을 준다. 고통스럽고 힘든 영향력을 주든지, 상처 입은 치유자가 되어 선한 영향력을 심어준다. 아파 보지 않은 사람은 아픈 사람을 보면 어쩔 줄 몰라 하지만 아팠던 사람은 아픈 사람을 도울 줄 안다. 아픔은 분명 영향력이 있다.

배트맨 영화에 나오는 주인공 배트맨과 악당 조커는 어린 시절 많이 아픈 사람들이었다. 그런데 한 사람은 고담시의 선한 영웅이 되려고 애쓰고, 한 사람은 고담시를 혼란과 절망과 죽음으로 몰아넣는다.

어느 날 창녀였던 어머니가 딸 둘을 결혼시킨 후 오랜만에 자신의 딸들이 어떻게 살고 있는지 찾아갔다. 그런데 실망스럽게도 큰 딸은 자신과 같이 창녀의 삶을 살고 있었다. 어머니가 말했다.

"딸아, 너는 왜 이렇게 사니?"

딸이 말했다.

"엄마가 창녀였잖아요!"

엄마는 눈물을 흘리며 딸을 떠난다. 그리고 엄마는 지방에 산다는 둘째 딸을 찾아갔다. 그 딸은 가난하지만 소박하게 가정을 꾸미며 남편의 일을 돕고 살고 있었다. 어머니가 말했다.

"딸아, 너는 왜 이렇게 사니?"

딸이 말했다.

"엄마가 창녀였잖아요."

둘째 딸이 엄마가 창녀였다는 사실에 대해 이해하고 용서하고 수긍하고 치유된 후 그런 말을 했는지는 알 수 없지만 어쨌든 둘째는 언니와 달랐다.

상처를 받는다고 다 악해지거나 가해자가 되는 것은 아니다. 여기에 인간 존재의 가장 신비스러운 문제가 제기된다. 바로 '자유의지'의 문제다. 사람은 어떤 경우든 자신의 삶을 선택한다. 무심코 한 행동은 있을 수 있지만 자기 인생의 중요한 결정을 무심코 하지는 않는다. 마음이 아픈 사람은 치유가 되어도 여전히 아프다. 단지 덜 아플 뿐이고, 그 아픔이 자기 인격에서 조금 비켜가 있을 뿐이지 완전히 그 고통의 그림자가 사라진 것은 아니다. 어찌 보면 평생을 관리하며 살아야 하는 육신의 지병처럼 마음의 병과 고통도 그렇게 평생 관리하며 살아야 하는 운명인지도 모른다. 하지만 그런 긴장을 모두 다 제거하면 과연 행복할까? 미치겠다고 말하는 것과 미치는 것은 다른 차원이다. 나는 수도 없이 미치겠다는 말을 하고 살아왔다. 그러나 완전히 미치지는 않았다.

자살하는 사람은 강한 사람이다. 어떻게 제 목숨을 끊는가? 나는 체할 때 바늘로 내 손끝 하나 따는 것을 두려워하는데 어떻게 스스로 죽을 수 있는가? 그러고 보면 그들은 참 강한 사람이다. 자살하는 사람은 자살할 만한 남다른(?) 에너지가 있기에 자살하는지도 모르겠다. 다만 어찌할 수 없는 자살이 아니라면 자기 내면의 에너지를 너무나 고립시켜 폭발시킨 결과로 죽음을 선택한다. 사람은 누구나 아프게 태어난다. 하지만 하나님은 우리에게 그 아픔을 다룰 이성과 자유의지를 선물로 주셨다. 많이 아픈 사람은 많이 치유되면 많은 사람들을 구원한다. 물론 아픔을 극복해야 한다는 대전제가 있다.

극복도 의지다. 찾으면 길이 있다. 없으면 만들면 된다. 나는 그렇게 살아왔고 앞으로도 그렇게 살아갈 것이다. 다만 내 자아가 내가 행한 모든 의지의 선택에 대해 책임질 수 있을 만큼 크고 성숙한 자아가 된다면 원이 없겠다. 그래서 인생은 아직도 가야할 길이다.

## 07

# 나 자신
# 그만 혼내기

몇 년 전, 전 세계 아이들을 대상으로 〈너는 왜 공부를 하니?〉에 대한 설문조사한 결과를 본 적이 있다. 훌륭한 사람이 되고 싶어서, 친구들에게 더 좋은 친구가 되고 싶어서, 병들어가는 지구를 구하고 싶어서 등 다양했다. 대부분의 나라에서 우리가 생각하는 일반적인 결과가 나왔는 데 반해, 우리나라 아이들은 달랐다. '공부 안 하면 엄마에게 혼날까봐.' 공부하는 이유가 혼나지 않으려고 라니 웃픈 웃음이 나왔다.

인생을 살면서 인정받음에 관계없이 내가 하고 싶어서 하고, 안 하고 싶어서 안 하는 것이 그리도 어려운 건가. 아이에게 큰소리치고 윽박지르고 눈빛으로 암시하는 것보다 아이 스스로가 선택한 것에 대해 깨닫도록 기다려주고 설득해주는 일이 그렇게 어려운 일일까.

우리는 어린 시절 '왜 부모님은 나에게 이런 명령을 하실까, 왜 이렇게 크게 화를 내시는 걸까'라는 고민을 한두 번 해본 적이 있을 것이다. 살아가며 감정을 느낀다는 것은 무엇일까? '감정을 억압하거나 부정하거나, 외면하거나, 덮지 말고 그냥 감정 그대로를 표출하면서 살아갈 수는 없을까'를 고민해 본 날이 셀 수 없이 많은 듯하다.

하나님이 내게 주신 감정, 나를 인간이 되게 하신 후 인간으로 느끼게 만들어주신 감정, 우리는 그 감정을 너무 누르며 살아왔다. 그렇게 해야 부모님과 선생님이 기뻐하시고, 나를 인정하는 것 같아서 더욱 그랬다. 그런데 그렇게 자라 어른이 되면 내 감정에 병이 든 걸 자각한다. 그렇게 살다 보면 더 좋은 삶을 살 줄 알았는데 아니었다. 오히려 삶이 괴롭고 안쓰럽고 그리움만 커지고 공허만 가득해진다.

나는 '인간을 마음내키는 대로 키우면 어떻게 될까? 그러면 동물처럼 될까?'라는 생각을 자주 한다. 파스칼의 말대로 인간은 천사도 악마도 동물도 아니다. 인간은 인간 이상도, 그 이하도 아니다. 인간은 그저 인간일 뿐이다.

우리나라에서 살다 보면 자연스러움보다는 자기 인내와 눈치보는 걸 먼저 배운다. 그래서 참을성 있고 잘 적응하는 아이들은 살아남지만, 인내심 부족하고 적응 못하는 아이들은 낙오자로 전락한다. 『마시멜로 이야기』처럼 먼저 마시멜로를 먹은 아이들은 참을성이 없고 즐거움을 지연시킬 줄 아는 능력이 부족하여서 수 십 년 후에도 이 사회에서 낙오한 인생, 실패한 루저가 되고 만다.

어느 날 문득 깨달았다. 내가 그냥 사는 게 아니라 자본주의라는 나라에 태어나 생존 경쟁하듯 시험을 보고, 서열을 매기고, 공부를 시키고, 그 시스템에 적응하는 삶을 살아야 했음을 말이다. 내가 속해 있는 매트릭스가 무엇인지 조금씩 객관적으로 알게 되었다. 그리고 자본을 중심으로 한 사람 간의 계급을 그어놓은 우리 사회의 은밀한 폭력을 느끼기 시작했다. 유전무죄, 무전유죄가 무엇인지 나이들수록 더욱 더 실감하는 것 같다.

15년 전 대학에서 〈후기정신분석학〉이라는 과목을 가르치면서 프로이트 이후의 학자 세대인 카렌 호나이나 에리히 프롬이 사회 자체가 한 개인을 지배하는 커다란 수퍼이고(초자아)가 될 수 있음을 경고한 것에 대해 깊이 동의했다.

사회의 가치나 종교적 신념, 집단의 이념이나 이데올로기는 언제든지 개인이나 집단을 감시하고 통제하는 두꺼운 수퍼이고로 작용할 수 있다. 그리고 그런 사회의 일원인 우리의 부모들은 아무 것도 모르고 사회가 원하는 인간상을 자기 자녀에게 투영하여 자녀도 사회가 원하는 인간이 되어주길 바라고 그렇게 되도록 키운다. 그리고 자녀는 아두 것도 모르고 오직 부모가 주는 인정에 굶주려 그런 이념에 권위를 두는 부모의 말씀에 귀기울이고 착하고 순종적인 인간이 되려고 한다. 그러는 사이 우리의 인간성, 우리의 감정, 우리의 느낌은 날마다 고갈되어 간다. 그렇게 나이가 40이 되고 50이 되면 남는 게 아무 것도 없음을 깨닫는다. 사회가 요구하는 아버지, 사회가 요구하는 집사님, 사회가 요구하는 직책을 가진 아무개는 있으나 인간 아무개는 사라진 지 오래다.

나는 20여 년간 프로이트와 융, 대상관계와 애착이론, 자기심리학을 공부하며 가르치기도 했다. 그 결과 우리가 지향하는 삶이 얼마나 거짓이 많고, 명분이 많고, 이데올로기가 많은지를 깨닫게 되었다. 동시에 깊은 외로움이 밀려왔다. 마이너리티, 그런 걸 깨달은 자는 그 사회의 마이너리티 소수자로 전락하기 때문이다. 그래서 사상가, 예언자는 외롭다. 내가 그런 사상가요, 예언자라는 말이 아니다. 깨닫는 건 좋으나 깨닫는 건 대가가 크다는 걸 말하고 싶은 것이다.

진리의 길은 그래서 늘 외롭다. 그러나, 어쩌겠나? 내가 진정한 나로 살아갈 수 있다면 그런 외로움도 견딜 수 있다.

혼나는 게 무서워서, 인정받는 게 너무 좋아서 행하였던 모든 행동을 끊어버리고 내가 좋아서 선택하고 내가 싫어서 하지 않는 그런 자율적인 삶을 훈련하며 살아가는 것이다.

# 08

# 나도
# 사람이에요!

『이야기해 그리고 다시 살아나』라는 책이 있다. 저자 브라이슨은 책속에서 이런 말을 했다.

"오랜 기간 계속해서 자행되는 고문을 견뎌내야만 하는 사람들은 종종 자기자신을 몸으로부터 분리시키는 방법을 찾곤 한다. 극단적인 경우에는 하나 이상의 자아가 그 학대에서 상처를 입지 않고 빠져 나올 수 있도록 다중인격을 발달시키기도 한다."

나는 고문을 당한 적은 없지만 고문처럼 여겨지는 어린 시절 경험이 있다. 당시 성적이 떨어질 때마다 부모님이 나를 의자에 앉힌 후 계속해서 잔소리 폭탄을 하시는 것이다. 그때 나는 말은 들으면서도 그 말을 마음에 담지 않으려고 멍때리기를 하곤 했다. 일종의 자가 유체이탈을 한 것이다. 이후 이런 멍때리기가 너무 습관화되다 보니 나도 모르게 집중해야 할 때 뭔가 마음이 불편하면 멍때리는 경우가 많았다.

사람은 누구나 자신이 하찮은 존재가 아니라고 생각한다. 지금보다 억압과 무시가 많았던 옛적부터 내려오는 말이 '지렁이도 밟으면 꿈틀거린다' 아닌가. 그 지렁이가 정말 비온 뒤 볼 수 있는 지렁이겠는가. 다툼이 있을 때 한쪽이 일방적으로 무시 받을 때 "나도 사람이에요!"라는 말 한마디면 힘 있는 사람도 움찔한다고 한다.

우리는 상대를 사람이 아닌 기계나 로봇, 내 필요를 위한 도구로 전제할 때가 많다. 그럴 때 '나도 사람이오!'라는 말은 정신이 번쩍 들게 한다. 브라이슨의 말을 다시 한 번 보자. 고문이 너무 고통스럽다 보니 고문 당하는 사람은 고문을 당하는 그 순간, 자신의 몸은 탈출시킬 수 없지만 정신은 탈출시킬 수 있다는 간절함을 갖게 된다. 그러다 고문이 심해지면 어느 순간 몸에 감각이 없어지고, 내 몸인데도 내 몸이 아닌 것 같은 느낌이 들게 된다. 그리고 그 학대에서 상처를 입지 않고 유체이탈할 수 있는 또 다른 자아를 만들어내는데, 다중인격이라 이름 붙인 증상도 그런 고통에 대한 방어기제로 볼 수 있다.

다중인격을 가진 사람들의 공통점은 어린 시절 아이가 감당할 수 없는 사건을 경험했기 때문이다. 성폭행이나 학대, 구타, 끔찍한 외상적 장면, 절망적이며 공포스러운 상황을 경험한 아이들은 살아남기 위해 고통스러운 그 순간에 마음의 셔터를 내려버린다. 그럼 고통을 경험한 순간의 나와 그 고통을 원하지 않은 나 사이에 경계가 생기면서 고통을 경험한 인격과 고통을 피한 인격은 다른 인격이 되는 것이다. 다중인격이 많은 사람일수록 그만큼 여리고, 연약한 자아가 감당 못하는 현실을 체험했다는 반증이다.

우리는 나이들수록 기억을 잃는다. "내가 그랬나?"라는 말을 자주 한다. 어쩌면 정말 기억이 나지 않아서 그럴수도 있지만, 지나온 세월의 사건들이 우리의 자아가 감당하기에 너무 큰 충격이었으며 스트레스였기에 기억을 지워버리고 싶은 것이다. 정신분석을 공부할수록 인간이라는 존재가 제정신을 갖고 한 세대를 살아간다는 게 얼마나 대단한 일인지 놀라곤 한다. 그래서 우리는 연약한 자아를 갖고 살지만 이 연약한 자아를 유지할 수 있는 힘을 주는 대안이 있다. 말할 수 있다는 것, 즉 인간은 '이야기적 존재'라는 것이다.

내가 어린 시절에는 〈전설의 고향〉이라는 귀신이 나오는 드라마가 있었는데, 귀신이 등장할 때면 늘 입에서 피를 흘리는 모습이었다. 어린 마음에도 '왜 우리나라 귀신들은 항상 입에서 피를 흘릴까?'가 궁금했다. 드라큘라처럼 누군가의 피를 빤 것도 아닌데 말이다. 결론은 '할 말을 못하고 죽어서'이다. 충분히 이야기하고 죽은 사람이 귀신이 될 수 있을까?

우리는 '여한(餘恨)이 없다'는 말을 자주 하는데, 남을 여(餘)에 맺힐 한(恨)이다. 남은 한이 없다는 말이다. 충분히 이야기했기 때문이다. 나를 비롯하여 이 글을 읽는 모든 분들이 주변에 속 이야기를 있는 그대로 해도 괜찮은 사람이 몇이나 있을까? 나는 그 몇 사람이 몇 명인지에 따라 그 사람의 행복의 기준이 좌우된다고 생각한다. 한 명도 없다면 집도 있고 차도 있고 돈도 있지만 당신은 행복하지 못한 사람이다. 다 없어도 속 이야기를 들어주고 같이 공감해줄 한 명이 있다면 그래도 행복한 사람이다.

다중인격을 발달시키지 않아도, 아이들이 멍때리기를 학습하지 않아도 살아갈 수 있는 편안한 삶은 없는 것일까? 인간은 가보지도 않은 천국과 지옥을 결국 이 세상에서 배우는 건 그 때문일 것이다.

09

# 모든 것을
# 통합할 사람

우리는 산 정상(성공)만 오르라 배웠지 내려오는 법(실패를 대처하는 법)에 대해서는 배운 적이 없다. 다들 직장생활 잘하는 것만 신경 쓰지 직장을 그만두면 어떻게 살아야 하는지 배운 적이 없다. 다들 성공하는 법만 말한다. 실패하면 어떻게 재기해야 하는지 성공학만큼 가르친 사람이 없다.

정신분석에서 제일 중요한 치료는 두 가지라고 한다. 무의식을 의식화하기, 그리고 애도(mourning)하기이다. 처음이 애도란 말이 참 낯설었다. 참으면 그만인 것을 왜 울라고 하나, 그런데 분명 그 말이 옳았다. 억압이 너무 습관적으로 되면 몸도 마음도 영혼도 굳는다. 그런데 그런 사람을 가만히 보면 병치레가 많다. 수도 없이 아프다고 호소한다. 그게 억압이 원인이 되어 생긴다는 심인성 질환인데, 본인만 모른다. 더 답답한 건 그런 병이 생긴 게 다른 사람 때문이라고 책임 전가를 하는 것이다. 그런데 상대가 날 건드려도 내 마음에 건드릴 만한 게 없으면 결코 화나지 않는다.

오래 전 이야기다. 왕자가 공주를 구하겠다고 하인 하나를 데리고 괴이한 동굴로 들어간다. 동굴에 돌이 된 아름다운 공주가 있다는 소문을 듣고 왕자가 찾아간 것이다. 문제는 그 동굴이 악마에게 저주받은 곳이어서 어떤 경우에도 화를 내면 안 된다는 것이다. 화를 내는 그 순간 돌이 된다. 왕자는 귀를 막고 들어가는데 동굴이 말을 한다. 그리고 왕자의 내면에서 소리가 들린다.

"네 엄마는 왕비가 아니라 하녀였다."

"넌 왕족이 아니라 천민이었다."

"네 아버지는 한 번도 너를 왕자로 인정한 적이 없다. 오히려 너보다 잘난 동생을 왕으로 추대할 것이다."

왕자는 참다못해 화를 내고야 만다.

"아냐 그렇지 않아!"

그 순간 그는 돌이 된다. 한참을 기다려도 왕자가 나오지 않자 하인이 들어간다. 귀에 아무것도 꽂지 않고 말이다. 그러자 동굴이 또 말을 한다.

"넌 창녀의 자식이다."

"넌 살 가치가 전혀 없는 놈이다."

"네 아버지는 너를 자식으로 인정한 적 없다."

그러자 하인이 말한다.

"응, 네 말이 다 맞는 거 같아. 난 창녀의 자식이 맞고 살 가치도 없는데 왕자님의 하인이 되었으니 출세한 것이고, 아버진 나를 한 번도 자식으로 인정한 적이 없을 거야. 내가 생각해도 나는 참 멍청하거든."

아이러니하게도 그가 왕자를 구하고 공주를 구한다. 동굴의 마법은 결코 이 하인을 무너뜨릴 수 없었다. 아무리 화를 내도록 자극을 해도 화를 낼 만한 게 그의 내면에 전혀 없었기에 말이다. 우리의 삶에서 가장 중요한 문제는 화의 문제다. 화가 우리의 몸을 태우고, 정신을 태우고, 영혼도 태운다. 화를 안 내고 살기에는 세상이 너무 화로 가득하다. 화를 낸다는 것은 그래도 내가 살아있다는 증거일 테니 그걸 너무 나무라서는 곤란하다.

정신분석은 적어도 우리에게 참고 사는 게 다가 아니라는 것을 가르쳤다. 목욕탕에 가려면 옷은 벗고 들어가지 않는가? 그렇다. 진리의 세계로 입문하려면 옷은 벗어야 한다. 상식의 옷을 벗고 비겁의 옷을 벗고 두려움의 옷을 벗는 것이다. 실오라기 하나 걸치지 않은 나체가 되어야 한다. 생긴 꼴 그대로 나를 드러내야 한다.

우리를 무섭게 하고 위축되도록 만드는 게 세상이다. 세상이 좋다고 알려주는 것만 믿지 말아야 한다. 자기 주장, 자기 생각, 자기 의지, 자기 정체성이라는 주체성을 잃어선 안 된다.

미국의 흑인 노예들, 그들은 자유를 갈구했다. 드디어 대통령이 된 링컨이 그들을 해방했는데, 문제는 자유를 얻은 그들이 어쩔 줄 몰라 하더라는 것이다. 아침 6시에 일어나 마당을 쓸지 않아도 되는데 늦잠을 자지 못한다. 그렇게 늦잠을 자고 싶었던 그들인데, 늦잠을 자도록 기회가 왔음에도 늦잠을 못 잔다. 그들만 그런가? 이스라엘 민족이 400년 넘게 이집트 제국의 노예로 살다가 하나님이 모세를 통해 자유를 주셨는데 그들은 그 자유가 너무 버거웠다. 다시 이집트 노예로 돌아가겠다고 반란을 일으키기도 했다.

독일 사람들에게 히틀러가 나타나 자존심을 세워주고 빵을 주고 직장을 주겠노라고 공약했다. 그리고 그들은 히틀러를 지지했는데, 그 결과로 그들의 주체성과 자유를 히틀러에게 바쳤다. 자유를 얻는 것도 중요하지만 자유를 누리는 건 더 중요하다.

고기도 먹어본 사람이 먹는다는 말이 있다. 놀지 못하고 살아온 사람에게 놀 시간을 주면 노는 걸 계획만 하다 시간을 보낸다. 사랑을 해본 적이 없는 사람은 근사한 이성이 나타나도 사랑에 실패한다. 훈련이 필요하다. 인생의 모든 면이 다 그렇다. 도둑질도 훈련이 필요(?)하고, 명의가 되어 사람을 살리는 일도 훈련이 필요하다. 훌륭한 상담자가 되는 일도 훈련이 필요하고, 엄마나 아빠가 되는 일도 훈련이 필요하다.

니체는 말했다.
"네 인생의 주인이 되라. 네 운명을 사랑하라."
나는 결코 니체를 반기독교적인 학자로 보지 않는다. 그는 기독교의 부족한 면을 제대로 지켜보고, 제대로 지적해준 참으로 고마운 철학자였다. 니체, 프로이트, 융과 같은 사람들은 기독교가 배우고 깊이 경청해야 할 익명의 선지자들인 것이다.

모든 건 시작이 있으면 끝이 있다. 우리는 언제나 시작만 배우고 시작만 화려하다. 그래서 마무리는 못한다. 죽도록 사랑을 했다가 그 사랑이 식으면 서로를 등진다. 사실 등지는 것도 제대로 해야 아쉬움이 없는데 도망가듯 등을 진다. 심지어 사랑했던 사람들이 원수가 된다. 탄생을 축복하듯 장례를 애도해야 한다. 양이 있으면 음이 있고, 빛이 있으면 어둠이 있다. 안 보인다고 어둠을 빛의 결여라고 보면 안 된다. 어둠이 따로 있으며, 밤은 낮과 다른 새로운 세계이기 때문이다.

내 안의 선함만 보면 악함이 언제 헐크처럼 튀어나올지 모른다. 사랑만 하다 보면 헤어짐으로 인한 이별의 고통을 참지 못하고 삶이 무너져 내린다. 우리는 모두 다 그런 대극적 요소들을 전제한 세상에 던져져 여기까지 온 것이다. 모든 것은 결국 통합을 통한 희망으로 향한다. 그 끝에서 모든 것의 완성인 죽음과 영원을 본다. 죽음과 영원이 결코 낯설고, 무섭고, 두렵고, 피하고 싶은 현실이 아니라는 걸 깨달아야 한다. 그걸 자각할수록 하루하루 내게 주어진 삶이 두 시간짜리 흥미로운 영화를 보듯 아깝고 귀하다는 마음이 들게 된다.

# 10

## 감정이라는 은혜

정인이 사건 이후 전국적으로 아동을 학대하여 사망에 이르게 한 뉴스가 자주 등장한다. 5년 전에도 아이를 폭행, 학대하다 죽인 계모에게 살인죄가 적용되어 1심에서 사형이 구형되기도 했다. 3년간이나 폭행했으며, 죽은 아이 시체를 부검한 결과 갈비뼈 24개가 부러지도록 구타했다고 한다. 나는 그 뉴스를 듣자마자 가슴이 미어져 눈물이 흐르고 엉엉 울고 말았다. 거의 평생을 사람 마음에 대해 공부하고 살아온 나였지만 어떻게 그렇게 잔인할 수 있는지 정말 이해되지 않았다. 사이코패스 아니면 자기애적 인격장애자 중에서도 최악에 속하는 여자가 아니었을까 싶다. 정인이 사건에 분노한 많은 분들이 정인이 양부모가 재판을 받으러 법정에 들어오는 순간 폭발하듯 절규한 뉴스 영상이 눈에 선하다. 나 역시 내 영혼, 내 감정, 내 마음이 자연스럽게 그 충격적인 뉴스를 듣고 그렇게 반응한 것이다. 나이가 들어갈수록 감수성은 무뎌지고, 감정은 메말라가며 눈물 역시 잘 흘리지 않는 나인데 왜 그렇게 눈물이 흘렀는지 모른다.

한참 젊었을 때 나는 내 욕망이 무지 싫기도 했다. 욕망이 너무나 저주스러웠다. 너무나 자주 많이 꼴리('꼴린다'는 욕망의 순 우리말이다)는 나 자신이 악하고 천박해 보이기도 했다. 그런데 조금씩 나이를 먹어가면서 그렇게 꼴리는 것도 다 한때였구나를 느낀다. 때가 되니 그것도 좋은 추억처럼 느껴지는 순간이 있더라는 것이다. 물론 아직 그렇게 추억 운운할 나이가 아니라는 것을 잘 알지만 그렇다.

과거에는 어떤 마음이나 꼴림이 올라오면 무조건 판단하고 정죄하고 참고 억눌렀다. 그러나 지금은 그렇지 않다. 그런 마음이나 꼴림이 올라오면 한 발자국 뒤에 서서 잠시 그런 나를 관찰해 본다. 그리고 이게 왜 올라왔는지를 본다. 그리고 그 올라오는 것을 내가 지금 감당할 수 있는 것인지 아닌지를 살핀다. 그러다 보니 과거에 비해 많이 편안한 삶이 되었다. 정말 힘들었던 건 꼴림이 아니라, 내가 나 스스로를 너무 빨리 너무 강하게 너무 정확하게 정죄하고 판단하고 규정했다는 것이다.

사람을 인격이라 한다. 인격은 위협하고, 겁주고, 벌을 주고, 고문하는 것이 아니다. 그렇게 하면 잠시 무서워서 하고 싶은 말이나 행동을 감출 수 있지만 결국에는 다시 반발심이 생길 수밖에 없다. 인격은 설득하고, 이해하고, 공감하고, 감동을 주면 바뀌게 되어 있다. 그런데 문제는 우리 스스로에게 너무 억지를 부린다는 것이다. 스스로가 자기자신에게 겁을 주고, 벌을 주고, 경고를 하고 있다는 것이다. 왜 그럴까? 이제까지 살아온 우리 사회가 전반적으로 사람을 그렇게 대했기 때문이다. 정치, 경제, 문화, 교육, 종교 어느 분야를 막론하고 설득, 이해, 공감, 감동이 우선이 아니었다는 말이다.

나는 교회를 다닌다. 그런데 내가 다녔던 교회 목사님들의 '말씀을 지켜라, 계명을 지켜라, ~을 해라, ~을 순종해라, ~을 하면 안 된다, ~은 반드시 해야만 한다'라는 강압적인 가르침들이 하나님의 은혜, 자유, 인권, 주체성, 설득, 공감보다 많았다. 그래서 많은 그리스도인들이 하나님의 은혜로 구원을 받았는지는 모르지만 구원을 받은 이후의 삶은 거의 신종 율법에 얽매여 살아가는 모순을 본다. 그래서 교회라는 곳이 죄인들이 모인 곳이 아니라, 바르고 착하고 순종 잘하고 말 잘 듣는 그런 사람들이 모이는 곳이 되었다. 그렇게 되니 진짜 죄인들이 교회에 들어올 수 없는 것이다. 그 살벌한 분위기를 견뎌낼 자신이 없는 것이다. 과거에도 그랬고, 세월이 흐른 지금도 그렇게 하고 있는 교회와 교인들이 많다.

    교회에서 용서를 자주 언급하지만 사실 내가 용서하겠다 하여 용서가 될까? 내가 해서 될 용서는 애초부터 용서할 일도 아닐 것이다. 분명히 내가 내 의지(will)를 갖고 용서하는 것이 맞다. 그러나 용서의 핵심은 하는 것만이 아니라 되어지는 것이다. 하나님의 성령이 내 마음에 임하면 용서가 되어지는 경험을 하게 된다. 그러니까 교회에서 용서에 대해 가르치려면 용서하고 용서되어지는 두 측면을 같이 전해야 한다. 그러나 대부분은 개인의 의지만 강요한다. 나는 그런 숨막히는 기독교를 만들고자 예수님이 십자가를 지셨다고 믿지 않는다. 우리가 갖고 있는 잘못된 가치관, 습관, 교육, 훈육이 얼마나 복음을 왜곡시키고 있는지 모른다. 복음은 그런 것이 아니다. 상상할 수 없는 자유이며, 상상할 수 없는 은혜이며, 상상할 수 없는 깊이다. 하나님은 우리 인생들에게 만 가지 은혜를 주시지만 우리는 백 가지 정도만 받는다. 그리고 그 백 가지가 복음의 전부인양 감사하고 찬양한다.

    유치한 비유이지만 하나님이 우리에게 백 억을 주셨는데 우리는 일 억이 든 통장만 바라보고 감사하고 있다면 과연 하나님의 심정이 어떠실까. 내가 믿는 하나님은 너무나 크시고 깊고 넓고 자유하신 하나님이시다. 저래도 되나 할 정도로 말이다. 이런 하나님을 누군가가 "그건 변상규 네가 만들어낸 하나님이야"라고 비웃는다 허도 괜찮다. 그런 비웃음은 마음껏 받아줄 수 있다. 하나님은 분명 내가 생각하고 상상한 이상으로 더 크시고, 더 넓으시고, 더 은혜로우시며 더 자유한 분이시기 때문이다.

억지로 하는 것도 필요하지만 억지르가 너무 심해 사람의 몸과 마음에 병이 온다. 그렇게 살라고 하나님이 억지를 부리셨을까. 아니면 사람이 만든 법과 제도와 규칙과 풍습을 우리는 하나님의 말씀처럼 떠받들고 살아가는 것일까. 분별이 필요하다. 나는 분명히 고백할 수 있다. 늘 나를 초월하시고, 늘 나보다 더 나를 잘 아시며, 나의 행할 길을 이미 다시고 낯선 곳과 깊은 곳으로 이끄시는 그 하나님이, 내가 믿는 하나님이다.

# 사랑이라는 이름으로

## 3

# 01

## 사랑과 집착 사이에서

    남녀의 사랑엔 언제나 약간의 질투와 집착이 조미료처럼 들어간다. 그러나 조미료는 적당히 들어가야 맛이 나듯 과다하게 넣은 음식은 역겨운 맛이 난다.

    가장 이상적인 사랑이라는 것이 있을까? 아마 있다면 방금 언급한 것처럼 조미료만큼의 집착과 질투를 갖는 것이다. 외식을 많이 한 사람은 집에서 음식을 차려주면 못 먹는다는 말이 있다. 집에서 하는 음식은 이상하게 밖에서 먹는 것처럼 맛이 덜하다. 그 이유가 손맛의 여부도 있겠지만 조미료 사용이라는 말을 들은 적이 있다.

어린 시절 유난히 라면 스프를 좋아한 나는 라면만 끓이면 늘 엄마에게 라면 스프를 달라고 해서 그 짭짤한 스프 가루를 손끝으로 찍어 먹는 재미가 있었다. 그런데 어느 날은 스프 맛에 혀가 길들여져 라면 맛이 하나도 나지 않았던 적이 있었다.

사랑도 그렇다. 사랑을 하면 사랑하는 대상에게 대단히 예민해지면서 때로는 질투를 느끼고 집착을 하게 되는데, 그게 사랑보다 과하면 반드시 싸움이나 커다란 갈등으로 발전한다. 과연 사랑은 '난 도저히 당신 없이 살 수 없어!'라는 고백으로 결론이 나야 하는 걸까? 이에 대해 미국의 정신과 의사인 M. 스캇 펙은 아니라고 말한다. 만약 그런 말을 하는 사람이 있다면 그건 기생충일 것이라고까지 혹평하였다. 스캇 펙은 진정한 사랑은 인격적인 독립을 이룬 두 사람이 하는 행위라고 말했다. 생각할수록 그 말이 의미있게 다가온다.

둘이 하나가 되는 것에 대해 우리 사회는 지나친 환상을 부여해 왔다. 주례사에 항상 들어가는 문장이 있다. '이제 이 두 사람이 서로 하나가 되어.' 그러나 두 사람이 하나가 될 수 있는가? 본드로 서로의 몸을 붙이면 모를까, 그렇게 한다고 해도 하나가 될 수 없다. 결국 하나가 된다는 것은 같은 방향을 바라보며, 서로 바라보는 지향성이 유사하거나 같다는 것을 의미한다.

요즘 내 머릿속을 떠나지 않는 주제는 바로 '성숙한 성인'이다. 성숙한 성인이 되는 것은 참으로 힘겨운 일이지만 그렇게 성숙한 성인이 되면 매사가 자유롭다. 매임이 없다.

'인생은 무상하며 인간의 집착은 인생에 큰 고통을 가져다 준다'라는 성현의 말씀에 깊이 동의한다. 그런데 아이러니한 것은 집착이 없이는 성숙할 수 없다는 것이다. 집착은 자신을 알아가는 과정에서 필연적으로 확인해야 할 자아의 은밀한 뒷모습이다. 그러나 내가 왜 그리도 그것에, 혹은 그 대상에 집착했는지를 자각하면 순간 못 보던 내가 보이곤 한다. 내가 나를 봐야(confrontation) 자유해진다. 그렇게 자유해진 두 사람이 만나서 사랑하면 얼마나 그 사랑에 기쁨이 있을 것인가.

결국은 좁디좁은 속마음을 갖고 상처를 끌어안은 채 상대가 메시야(내 삶을 변화시켜줄 수 있는)가 되어 주길 바라는 마음으로 사랑하고, 덕을 보려고 결혼하고, 상대를 통해 현실을 바꾸려 했기에 그토록 사랑과 결혼생활이 지옥이 되는 것이다. 자기 스스로가 사랑하는 사람에게 구원자 같은 메시야가 되려는 마음은 망상에 불과하다. 사랑은 도움을 주고 받는 관계가 아니라, 상호 평등하게 서로를 보듬는 관계이기 때문이다. 일방적으로 한쪽의 도움으로 유지되는 건 사랑이 아니라는 말이다. 배우자를 통해 덕을 보려는 마음을 버리고 상대의 부족함을 채워주는 돕는 베필이 되어야 한다. 상대를 통해 현실을 바꾸려 하지 않고 나 스스로가 현실을 바꿀 수 있다면 그런 사랑과 결혼이 더 풍성함을 낳지 않겠는가.

심리학자 칼 융에 의하면 우리는 모두 다 개인의 감정에 빠져서 사랑을 하고 미움을 한다고 하지만 사실은 원형이라는 거대한 강물에 빠져 남들이 하는 사랑을 하고, 남들이 하는 미움을 할 뿐이라는 사실을 자각하지 못한다. 다시 말해 내가 특별하다는 방식으로 자신을 드러내지 않고, 내가 부족하다고 자아를 버리는 것(겸손하게 자아를 낮춘다는 의미)으로 자신을 드러낼 적에 그 사람의 마음에 원형이 의식화되어 그 사람을 성숙함으로 이끈다.

결국 성숙이란 교만한 자의식이 끊어진 자리에서 시작되는 것이라는 역설이 숨겨져 있다. "난, 너 없이는 못 살아"에서 "난, 너 없이도 살 수 있어"로, "난, 너 없이도 살 수 있어"에서 "난 나(ego) 없이도 살 수 있어"라고 자아를 비우는 자리까지 갈 수 있다면 그것이 어떤 사랑이건 결국은 자유혼으로 만나는 사랑이 되어 너울너울 춤을 출 수 있다. 그게 집착이 주는 잠시의 즐거움보다 더 큰 즐거움을 안겨주지 않겠는가!

## 02

# 지독하게 다른 남녀의 심리

존 그레이의 『화성 남자, 금성 여자』가 전 세계에서 수백만 부가 팔릴 만큼 베스트셀러가 되었고, 그와 유사한 책들이 서점가에 스테디셀러로 팔리고 있다. 나는 한때 존 그레이의 책에 푹 빠져 있었다. 살아가면서 나 역시 남자와 여자가 아주 다르다는 것을 절감한다.

10년 전 조 쿼크라는 사람이 아주 재미있는 책 한 권을 냈다. 『정자에서 온 남자, 난자에서 온 여자』다. 여자의 에스트로겐과 남자의 테스토스테론에 대한 내용을 재미있게 설명한 책이다. 결혼 직전의 남녀가 데이트를 한다. 그리고 문득 여자가 남자에게 말을 건넨다.

"자기야, 우리 여행갔음 좋겠다. 그치."

남자가 응답한다.

"응. 좋은 생각이네."

그런데 여기서 여자가 '여행갔음'이라는 말과 남자가 '좋은 생각'이라는 말에 집중해 보면 그 의미가 천지 차다. 여자는 여행이라는 말을 할 때 두 사람이 손잡고 이것 저것 구경하고 이야기도 나누며 정겨운 시간을 갖는 생각을 한다. 그런데 남자는 '좋은 생각'이라는 말 뒤에 '흠, 여행은 어디로 가야 하지? 난 시간을 어떻게 내야 하지? 비용은 얼마나 들까?'가 숨겨 있다. 그리고 여러 계획들이 순간 스치겠지만 그보다 '가자마자 사랑하는 그녀와 호텔에 들어가서 진한 섹스를 하고, 그 다음에 구경해야지'라는 생각을 한다. 물론 여자는 섹스나 호텔은 안중에 없다. 그건 하루 여행을 다 끝내고 난 후에 분위기를 보며 생각해 볼 문제인데, 남자는 섹스가 먼저 떠오른다.

오래 전 토요일 저녁, 강의하는 학교에서 가족들과 함께 산책을 한 기억이 있다. 당시 정문 입구에 '카풀'이라는 간판이 걸려 있었다. 그 순간 아내는 카풀을 커플로 보았고, 나는 와플로 보았다. 난 먹는 단어로, 아내는 관계 단어로 봤던 것이다. CF를 봐도 나는 '저건 고도의 성적인 전술이 들어간 문구야'라고 해석하는 데 반해, 아내는 전혀 다른 해석을 했다. 상담을 해도 그렇다. 남자들은 말하지 않아도 같은 남자로서 촉으로 느끼는 무언가가 있는데 거의 틀린 적이 없다. 반면 여자들은 이미 알고 있는 개념이라도 다시 묻고 꼭 확인한다. 그렇지 않으면 오해가 생기기 때문이다.

칼 로저스적 상담을 추구하시는 심상권 박사라는 분께서 하신 말이 기억난다.

"난 아무리 상담을 해 보았지만 두 종류의 사람은 자신이 없다. 첫째, 버르장머리 없는 청소년과 마주하면 마음에서 불이 나온다. 자신이 없다. 쥐어박고 싶을 때가 많다. 이게 역전이든 뭐든 쉽게 가시지 않는다. 둘째, 치마가 너무 짧은 여자가 오면 눈을 어디에 두어야 할지 모르겠다. 미국에서는 여성 내담자들이 상담자를 찾아올 때는 긴 옷을 입는다고 한다. 그런데 한국에서는 (본인이 귀국한 지 얼마 안 된 상황이었는데) 하도 너무 하더라. 너무 노출이 심해 한국이 미국을 넘어서고 있다는 생각을 했다."

오래전 들은 말이지만 그때 크게 공감한 기억이 난다. 남녀가 서로의 차이가 크기에 그 사람 편에서 그를 이해하고 알려는 노력이 상담의 성공 실패를 가늠하는 여부가 된다. 남녀 차이만 그럴까. 사람이 누굴 신뢰하는 과정, 누군가를 사랑하는 과정 모두가 마찬가지다.

'무의식은 다 알 수 없다. 다 알면 무의식이 아니다.' 정신분석의 정신 중 하나가 이것이다. 이런 무의식을 가진 인간과 살고 있다면 그 누굴 안들 다 안다고 함부로 말할 수 없다. 그저 알다가도 모를 인간, 그래서 더 알아가야 할 인간으로 인식한다면 사람을 대하는 태도도 더 겸손해질 것이다.

남자는 여자 입장에서 이해하려고 노력해야 한다. 여자들도 여자의 문법에 맞게 남자를 보려 하지 말고 남자라는 그 자체를 보려고 노력하자. 이를 위해 가장 중요한 건 남자와 여자가 서로 다르다는 사실을 전제해야 한다. 뇌조차도 다른 부위를 사용하는 남녀의 다름을 어린 시절부터 교육해야 한다. 국어, 영어, 수학 과목도 중요하지만 우리 아이들에게 서로의 다름을 수용하고 이해하는 교육이 선행되어야 한다.

나이 들어 보니 정작 배워야 할 건 너무 늦게 배워 후회가 많고, 굳이 초조하게 배우지 않아도 되는 것은 왜 그렇게 안달이 날 정도로 배워야 한다고 압박을 받았는지 이상하기만 하다. 신은 인간에게 영원을 주었다. 나는 그 영원이 인간이 신을 이해하고, 남자가 여자를 이해하고, 여자가 남자를 이해하는 시간이라고 생각한다. 참고로 20세기 최고의 신학자로 꼽히는 칼 바르트는 창세기 1장에 나타난 하나님의 형상에 대해 그것은 남자와 여자의 형상이라고 해석하였다. 즉,

남자와 여자의 관계성을 성경은 하나님의 형상이라고 본 것이다. 남자와 여자는 서로 다르며 서로 평생 낯설다. 알다가도 모르는 그 마음이 정답이다.

## 03

## 사랑은
## 간보지 아니하며

　사랑이라는 감정은 인간이 간절히 바라지만 막상 사랑이 현실로 이루어지면 주체하지 못하는 감정이기도 하다. 그래서 사랑을 하게 되면 자주 웃거나 울거나 화내거나 감정의 기복이 심해진다.
　감정적 요인을 제거하고, 그저 사랑도 뇌의 화학적 산물로만 보는 뇌과학적 측면에서 보자면 사랑이라는 감정은 일종의 신경전달물질(페닐아틸아민)이 일으키는 착각이라고 말하는 것이다. 사랑을 느끼게 하는 페닐아틸아민이라는 신경전달물질이 사라지거나 더 이상 분출되지 않으면 사랑의 감정도 미지근해진다.

하지만 그 사랑이 진지하고 진정성이 있었다면 사랑이 식은 자리를 대신해 주는 고마운 감정이 있다. 바로 정(情)이다. 정든다는 말이 있다. 정이 들수록 사랑이 주었던 황홀한 감정 대신 더 내적이고 은밀한 관계를 자극한다고 한다. 어떤 신학자는 '하나님은 사랑'이라는 성서 말씀을 고쳐야 한다고 주장했다. 사랑은 언젠가는 식어지는데, 사람을 향한 하나님의 사랑은 식지 않기에 하나님을 사랑이 아니라 정(情)이라고 해야 한다는 것이다.

얼마 전 한 청년이 미치겠다며 전화를 했다. 1년 이상 사귄 여자에게서 '그만 만나자'는 문자를 받았다고 했다. 여자 입장에서는 분명 그럴 만한 이유가 있을 것이다. 그러나 남자든 여자든 사랑한다고 말하기 전에 꼭 알아야 할 것이 있다. 사랑에도 예의가 있다는 것이다. 갑자기 사라지거나 등을 돌려서는 안 된다는 말이다. 스스로 심리적 장애가 있지 않는 한, 그렇게 하는 건 정말 잔인한 행동이다. 어떤 이들은 예의보다 더 중요한 건 선택의 자유라고 말한다. 맞다. 누굴 선택해 자신의 연인이 되는 건 분명한 자유다. 그러나 연인이 되는 순간 그게 비록 잠시라고 해도 그 순간은 관계의 끈이 연결된 것이다.

그 청년은 여자 친구로부터 감격스런 생일파티를 받은 후 3일간 시간이 없어 얼굴을 보지 못했다고 한다. 그런데 4일째 되는 날 그녀에게서 이별 통보가 왔다고 한다. 물론 남자에게도 문제가 있었다. 정성을 다해 선물을 준비한 여자 친구에게 3일 동안이나 연락하지 않았다는 게 상식적으로 이해는 안 간다.

왜 우리는 아름다운 사랑을 강조하면서도 아름다운 이별을 강조하지 않는 것일까? 왜 헤어지면 평생 보지 말아야 할 웬수가 되고, 피해야 할 사람이 되는 걸까? 어차피 사랑의 감정이 식으면 누구라도 인간관계 그 이상도 이하도 아닐 텐데 저주하고 비난하는 그런 관계가 되어야만 할까? 어차피 저 하늘 나라에 가면 영원히 이야기할 친구가 될 텐데 말이다. 지구 상의 수많은 사람들 중에 그래도 잠시 내 연인이요, 친구였던 사람들을 인연이 맞지 않았다고 하여 그렇게 못 볼 벌레처럼 대해야 할까? 그건 아니라고 본다. 내 사랑이 아니었으면 아니었다고 충분히 설명하고 헤어지면 그만이다. 한 번 말할 것을 서너 번 말해주면 상대방도 스스로 정리할 기회가 될 것이다. 그런데 대부분은 통보하듯 그만 만나자고 한다. 그래서 사랑의 감정이 분노의 감정이 되어 상대를 향한 아름다운 리비도(Libido)가 상대를 파괴하고, 자신까지 파괴하는 죽음의 에너지로 변질되는 것이다. 좋으려고 사랑하는 것이지 죽으려고 사랑하는 건 아니지 않나.

특히 젊은 커플들은 서로에게 인간적인 모욕감이 남지 않도록 노력해야 한다. 그래서 먼 훗날 그 사람이 지금의 배우자가 아니라고 해도, 지난 날을 돌이켜보며 '그때 내가 그러는 게 아니었는데'라는 후회를 남기지 말아야 한다.

사랑은 간을 보는 게 아니다. 사랑 자체가 생명이요, 목숨과도 같은 사람이 있다. 그 사랑의 가치를 비하하는 그 어떤 행동도 진실한 사랑이 아니라는 것을 깨달아야 한다. 그런 감정은 결국 상대를 위한 사랑이 아니라, 나 자신을 위한 자기애적 사랑이었음을 자각할 필요가 있다.

사랑은 늘 존재와 연결되어 있다. 우리는 언젠가 세상을 떠나겠지만 우리 존재마저 사라지는 건 아니다. 존재는 영원히 존재한다. 사랑도 그렇다. 사랑은 사라지거나 변질되는 게 아니다. 사랑은 언제나 사랑 그 자체로 빛을 발할 뿐이다. 그 사랑으로 사랑할 수만 있다면 세상은 아무리 힘들어도 그 사랑으로 인해 살아가야 할 소망을 놓지 않는다. 사람은 그렇지 생겨 먹었고, 사람은 그렇게 살게 되어 있다.

# 04

# 성격 차가
# 이혼의 이유일까

 이혼 사유는 늘 그렇듯 '성격 차'다. '성격 차'라는 말은 일종의 상징적 의미다. 상징이란 여러 가지 의미를 품고 있는 것인데 '성격 차'라는 말도 그렇다. 결혼 전에는 성격 차가 없었을까? 사실 성격은 70억이 넘는 인구 모두가 다 다르다. 나와 같은 성격을 가진 사람은 세상에 단 한 사람도 존재하지 않는다.

 점잖게 이야기해서 성격 차지, 사실은 신뢰에 금이 갔기에 이혼을 했다는 말이 정확할 것이다. 그러나 아픈 일을 당한 당사자들에게 그렇게 적나라한 말을 쓰는 것보다는 성격 차라는 말이 무난할지도 모르겠다. 부부가 이혼을 하는 데에는 여러 가지 변수가 작용한다. 그러나 나는 가장 중요한 두 가지 이유가 있다고 본다. 하나는 불신이요, 다른 하나는 대화의 불통이다. 이 두 가지 불이 부부 사이를 모두 태운다. 사실 모든 사람의 대화가 그렇지만 믿어주는 만큼, 신뢰하는 만큼만 대화가 된다. 믿어주지 않고 신뢰해주지 않는데 깊은 대화가 오갈 수는 없다. 그런데 섬세하게 들여다 보면 더 큰 문제는 후자라고 본다. 대화할 줄을 모르는 것이다. 같은 말인데도 통역이 필요하고 중재가 필요하다. 그래서 이혼 부부를 상담할 때에는 둘 사이에 흐르는 분위기와 말을 잘 파악하여 전달할 필요가 있다.

대부분의 남자는 화부터 내고, 여자는 비난으로 시작해 원망으로 끝난다. 이런 가정일수록 어린 시절에 부모님이 대화로 문제를 푸는 것을 본 경우가 거의 없다는 것이다. 사람은 받은 만큼 주게 되어 있다. 그런데 못 받았다면 배워서라도 주어야 하는데 늘 그렇게 말하다 보니 그렇게 사는 게 당연한 것으로 인식한다. 그러니 줄 것도 없고, 그래서 이혼하는 모든 부부는 억울하고 슬프다.

누군가 더 심한 가해자 역할을 했겠지만 나중에 이혼을 하고 상대 배우자의 짐이 사라진 집안을 보라. 가해자도 피해자도 없다. 그저 둘 다 상처난 영혼뿐이다. 이혼을 해야만 한다면, 그것이 서로의 성장과 행복을 위하는 길이라면 그렇게 하는 것이 같이 사는 것보다 나쁘다고 보지 않는다.

그러나 무슨 말을 하든 이혼은 큰 상처를 남긴다. 너무나 역설적인 것 중 하나는 요즘 부부 치료로 각광 받는 '이마고 커플 테라피'의 창시자인 하워드 핸드릭스나 『화성남자 금성여자』의 저자 존 그레이 모두 이혼을 통해 자신의 이론을 만들었다는 것이다. 적어도 그들은 이혼의 아픔을 나름대로 승화시킨 인물들이다. 그러나 모두가 그렇게 승화시키며 사는 건 아니다. 그로 인해 평생을 알코올 중독자가 되기도 하고, 평생을 전 배우자를 원망하며 살기도 하고, 우울증으로 삶을 연명하며 살기도 한다. 그런데 정말 중요한 것은 인생은 결국 각자의 선택이라는 것이다. 이혼까지 했다면 더 이상 그 누구를 원망해서는 안 된다.

원망은 이혼 전까지만이다. 이혼은 원망도 이혼을 해야 한다. 이혼을 했다면 모든 책임을 자기 스스로 지고, 자기 스스로 본인의 삶을 책임지는 길만 남은 것이다. 이혼해서도 상대 배우자를 원망하며 저주한다면 그것은 정신병적 증세다.

원망한다는 건 희망이 있다는 역설이다. 그런 역설도 대화로 잘 풀면 좋아질 수 있건만 슬프게도 대부분의 부부는 그런 진심이 드러나는 대화를 하지 못하고 오로지 자신을 방어하고 원망하고 공격하는 말싸움만 한다. 아래는 이혼하는 부부들이 흔히 하는 파괴적 결과를 가져오는 대화들이다.

비난: 상대의 어떤 행동이나 생각이 마음에 들지 않아 인격이나 능력을 공격함.
- 당신은 왜 맨날 그 모양이야? 하여간 제대로 하는 게 하나도 없다니까.
- 아니 성깔이 어쩜 그렇게 생겨 먹었냐?
- 당신이 잘할 줄 아는 게 뭐가 있어?
- 어떻게 당신 엄마랑 그렇지 하는 짓이 똑같아?
- 그럴 줄 알았어. 당신이 뻔하지.
- 하루 종일 집에서 뭐해?
- 사람이 어쩌면 그렇게 무책임해?
- 당신은 도무지 개념이 없어!
- 너 바보 아니야?
- 당신네 집에서는 그래?
- 당신은 그래서 안 돼!

경멸: 상대에 대한 불만이 가득한 상황. 상대를 화나게 하기 위해 폄하하거나 모욕함.
- 웃기고 있네. 그게 말이 되는 얘기야?
- 당신이 내게 해준 게 뭐가 있어?
- 세 살 먹은 어린애도 알아듣겠다.
- 또 자빠져 있다. 먹었으니 졸리겠지.
- 머리는 뒀다 뭐해? 뇌는 장식품이냐?
- 신문 좀 봐. 어쩌면 그렇게 아는 게 없냐?
- 그럼 그렇지. 당신을 믿은 내가 바보지!

자기 방어: 내겐 문제가 없으며, 상대방이 문제가 있다는 태도. 싸움이 더 커진다.
- 내가 언제 그랬어?
- 당신도 그러잖아?
- 넌 안 그러냐?
- 당신은 잘못 없어?
- 알았어 알았으니까 1절만 해!
- 또 시작이야?
- 말꼬리 잡지 마!

- 나 원래 이래, 몰랐어?
- 그래서 나 보고 어쩌라구?
- 그게 나랑 무슨 상관이야?
- 당신의 그런 태도가 문제야!

담 쌓기: 상대에 대한 실망과 분노가 너무 커서 서로 말도 안 하고 지내는 태도.
- 됐어 그만해!(이후 침묵)
- 1절만 해라! (이후 침묵)
- 시끄러워!
- 흥!
- 싸우다 문을 쾅 닫고 그냥 나가 버린다.

그래서 세상은 슬프다. 정말 인간은 나이를 먹는 만큼 저절로 성숙 될 수는 없는 걸까. 성숙하면 모든 게 자유로울 텐데.

## 05

# 하나님은
# 이혼을 미워하실까

내 나이 40, 그 젊은 나이에 아는 후배가 주례를 부탁하여 생전 처음 주례라는 걸 했다. 지금까지 아홉 커플을 주례한 것 같다. 그중 한 커플은 1년 만에 이혼을 했다. 상담도 하고 노력도 해보았으나 허사였다.

요즘은 결혼하는 추세가 아니라서 결혼하는 커플을 보면 '대단하다'라는 마음부터 든다. 우리나라는 결혼하고도 아이를 갖지 않는 부부가 늘어 출산율이 전 세계 중 최하위다. 이대로 300여 년을 보내면 한국인이 지구상에서 사라질 것이라는 통계는 아찔함을 준다.

아무튼 사랑해서 결혼까지 하게 되는데, 점점 사회가 개인주의화되다 보니 부부의 행복보다 각자의 행복을 더 추구하는 것 같다. 그럼 당연히 이혼율은 늘어날 수밖에 없다. 최근에 기독교인 중 한 분이 상담을 해왔다. 이혼을 결심하고 있는데 '과연 하나님이 자신을 어떻게 보실까'를 생각하면 마음이 답답해진다는 것이다. 무엇이 문제인지를 물으니 이혼을 결심할수록 당시 주례자가 하신 말씀이 계속 마음에 걸린다고 했다.

'하나님이 짝지어 주신 것을 사람이 나누지 못할지니라.'

교회나 성당에서 결혼식을 올려본 사람은 무슨 말인지 감을 잡을 것이다. 나도 주례사 맨 마지막에 저 말씀을 항상 인용하곤 했다. 그러나 이혼을 동조하는 것은 아니지만 그렇다고 하나님이 내가 원하지도 않는 삶을 억지로 살라고 권고하실 분도 아니라는 사실도 중요하다. 하나님이 짝지어 주신 것을 사람이 나누지 못한다는 말씀의 전제는 하나님이 짝지어 주셨다는 전제다. 그러나 이건 해석이다. 짝지어 주었다고 서로 믿었기에 결혼을 한 것이고, 주례자가 말씀을 인용하여 그렇게 선포한 것뿐이다.

지난 20년 넘는 세월 동안 상담을 하면서 나는 여러 이혼 부부를 만나왔다. 그들 대부분은 신자들이었다. 그들도 결혼할 때는 하나님이 정하신 사람을 만났다고 착각(?)했다. 그러나 1년 2년 5년 10년을 살다 보니 아니라는 생각이 든 것이다. 여러 노력에도 변하지 않는 상대방을 받아들인다는 것이 그렇게 어렵다고 호소한다. 이혼을 한 이후에는 아이들에게 미안한 마음은 있지만 이혼의 만족도(?)는 높다고들 말한다.

하나님은 이혼을 미워한다고 성서를 통해 말씀하신다.
'이스라엘의 하나님 여호와가 이르노니, 나는 이혼하는 것과 옷으로 학대를 가리는 자를 미워하노라.' – 말라기 2장 16절
그러나 오해하지 말 것은 하나님은 이혼을 미워하지 이혼자를 미워하지는 않는다. 죄를 미워하지 죄인을 미워하지 않는 것과 같다. 말라기 당시는 남자들의 가부장적 언행이 극도로 악했던 시기였다. 그래서 자기 마음에 맞지 않으면 자기 아내를 쉽게 이혼시켜 버리는 악습이 있던 시기였기에 말라기는 저런 말씀을 선포한 것이다. 그래서 항상 하는 말이지만 성서는 문자대로만 읽어선 안 된다. 문자 뒤에는 문맥과 당시의 시대적 배경이 존재함을 늘 기억해야 한다.
분명 이혼은 본인들에게 상처가 되고 가족들에게도 아픔이다. 아이들이 있다면 말할 것도 없다. 트라우마가 되기도 한다. 하지만 이혼이 대세가 되어 버린 시대를 우리는 살아가고 있다. 개인주의 시대의 결혼은 이미 아는 바와 같다.

서로 노력해야 한다는 것, 법적인 아내와 남편이라는 이유 때문에 서로를 함부로 대하고, 이상한 습관을 고치지 않고, 말을 함부로 하고, 경제 문제에 불평등하거나 인색하다면 그 사람은 이혼은 당하지 않을지 모르지만 노후가 무척 외로울 것이다.

우리 어머니나 할머니 세대야 참는 데 익숙하지만 요즘은 절대 아니다. 참아도 결국은 우울증이나 화병으로 터지게 되어 있다. 문제는 하나 둘만 키운 가정 환경에서 자라 오직 자신만 알고 커온 세대들이 결혼을 하면 서로가 좋을 때는 좋지만 아니다 싶으면 너무나 쉽게 이혼을 생각한다는 것이다. 자녀가 없다면 그나마 다행이라 생각한다. 자녀 때문에 이혼을 망설이는 엄마들이 가끔 속상할 적어 아이를 향해 "엄마가 너 때문에 니 아빠랑 어쩔 수 없이 사는 것"이라고 무책임한 말을 한다. 그 말에 대한 결과는 생각도 못하고 내뱉는 말이다.

다른 사람을 만나기 위해 이혼을 선택하는 것보다 홀로서기가 편하기에, 그것이 자신에게 가장 좋은 선택이라 생각되어 이혼을 결정한다면 그런 이혼은 자신의 정신적 성장을 위해 어쩔 수 없는 필요악 같은 결정이 될 수 있다. 결혼도 내 책임이고, 이혼도 내 책임이다. 다만 결혼을 하였다면 하나님이 그렇게 인도하셨다고 믿기에 사람이 나누지 못할 뿐이다. 이혼을 하는 것이 하나님의 뜻이 아닐 수 있다. 그러나 하나님이 그런 자를 죄인으로 만드실 분도 아니라고 본다. 나보다 가정의 가치가 큰 사람도 있겠지만 하나님은 개인보다 가정을 더 원하신다는 집단주의적인 견해는 오히려 성서적이지 않다.

가정을 갖는다는 건 책임적 자아가 있고 성숙한 대인관계 능력이 있을 때 갖는 것이 옳다. 그저 남에게 보이려고 퍼포먼스하듯 결혼식에 집착하는 건 정신병이다. 결혼을 했으면 나도 상대에 대해 책임을 져야 하고, 상대 역시 나에 대해 책임지는 자세가 있어야 한다. 우리 아이들은 엄마 아빠가 서로를 책임지는 모습 속에서 관계를 배우고 인간에 대한 예의를 습득한다고 생각한다. 그러나 이렇게 글을 쓰면서도 세상에는 미숙하고 자기만 아는 성인 아이 부모가 자녀들보다 더 많다는 사실을 알기에 마음 한구석이 무겁다.

'친구 같은 부모 되려 하지 말고, 부모다운 부모 먼저 되십시오. 그리고 이혼을 통해서라도 자신이 성장하고 싶다면 선택하십시오. 누구를 원망하는 이혼이 아니라 자신이 책임지는 이혼, 서로의 미래를 축복하는 이혼을 하십시오.'

가정의 달에 지인들에게 써주는 덕담이다. 이상적인 말이다. 이혼 법정에 서류를 들고 앉아 있는 부부들, 그리고 판사의 판결 이후 "가!" 한 마디에 각자 벌레보듯 보며 헤어지는 이혼자가 된 사람들의 무거운 뒷모습을 본다면 과연 아름다운 이혼이라는 게 있을까 싶다.

그러나 어쩌겠는가. 아름다움보다 생존하기 위해 이혼을 택한 사람이 있다면 결코 그런 선택에 하나님도 비난하지는 않으실 것이다. 그리고 하나님은 다시 이 말씀을 헤어진 그들에게 (잠재적으로) 준비하고 계시지 않을까 싶다.

'하나님이 짝지어 주신 것을 사람이 나누지 못할지니라.'

새로운 인연을 만날 때 말이다.

## 06

## 그래도 사랑해

A는 B를 무척 사랑했다. 그러다 어느 날 B가 다른 누군가에게 마음을 빼앗기는 것을 보며 A는 분개했다. 둘은 결국 헤어졌고, A는 B를 잊기 위해 1년 이상의 시간을 고통스럽게 울분을 참으며 보냈다. 그런데 그렇게도 야속하던 B가 정말 신기하게 잊혀졌다. 그러던 어느 날 A는 C를 만났다. B와는 참 다른 C를 보면서 A는 한결 마음이 놓였다. 그런데 알면 알수록 사람 좋은 C는 얄미운 B를 대신하지 못한다는 것을 깨달았다. 그러면서 A는 당황해한다. '나 왜 이러지? 이게 B에 대한 집착일까.'

사랑이 변하는가? 사랑은 분명히 변한다. 인간이 변덕스럽기에 변하고, 변화 속에 살고 적응하는 게 사람이기에 변한다. A가 B를 잊기 위해 몸부림치다 C를 만났고, C와 다시 헤어지고 또 다른 D를 만난다고 해도 그것에 대해 돌을 던질 사람은 없다. 사랑은 그렇게 변하는 것이다. 이성 간에 느끼는 사랑은 사랑이라기보다 성욕에 가깝고 순간의 매력에 가깝다. 미국인의 멘토로 불리는 M. 스캇 펙은 남자가 여자를 보고 순간 사랑에 빠지는 현상에 대해 이것은 사랑에 빠지는 게 아니라 성욕에 빠지는 것이라 역설하였다. 그 여자에 대해 아는 게 하나도 없는데 무슨 사랑을 하느냐는 것이다. 남자에게 있어서 성이나 사랑, 그리고 배설은 같은 등식 같다.

대소변이 마려우면 즉시 배출하기 원하는 것처럼 사랑이라 느껴지는 매혹이나 성욕이 동할 적에는 그 즉시 배설을 원하는 것이 남자다. 성욕과 배설은 생물학적 차원이고, 사랑은 정서적 차원이다. 그런데 정서적 차원인 사랑은 훈련과 다듬기가 필요하다. 생물학적 차원의 매력이나 성욕은 배설이 목적이다. 성을 파는 직업 여성과 그들을 만나러 가는 남자에게는 돈을 매개로 한 일종의 물물교환이 성적 행동으로 이루어질 뿐이다. 그 둘 사이에 정서적 교감은 오히려 겉치레에 불과하다. 둘 다 배설과 소득이 목적이기 때문이다.

동상이몽 그 자체다. 사랑은 어려운 것이다. 사랑은 몹시도 어려운 것이다. 그것은 변덕스러우며, 허망하며, 그래서 자신을 보게 만드는 지독하게 아픈 깨어진 나르시시즘의 거울이라 비유할 수 있을 것이다. 그런데 사실 사람에게 사랑만큼 좋은 것이 없으면서 사랑만큼 고통스러운 것이 없으니 사랑은 나르시시즘적인 인간을 깨뜨리기에 가장 좋으면서 가장 예리한 칼과 같다. 그 칼에 베이지 않을 사람은 없다. 가장 이기적으로 보이는 사람이 결혼하여 자녀를 낳으면 어쩔 수 없이 자신의 이기적인 면을 뒤로하고 아이를 돌보는 데 마음을 쓴다. 자기가 사랑해서 낳은 아이로 인해 자신의 나르시시즘이 깨어지는 것이다. 아이러니하게 그 칼에 베이지 않으면 우리는 나르시시즘에서 벗어날 길이 없다.

나르시시즘에서 벗어나야 진정한 공감(Empathy)이 이루어진다. 공감하려면 내가 나에게서 나와야 한다. 그래야 '너'가 보인다. 나르시시즘이 깨어지지 않는다면 어떻게 내가 나에게서 나올 수 있다는 말인가! 아기가 엄마의 자궁에서 나와 탯줄이 잘리는 고통을 겪어야 객체가 되고 한 개인이 되듯 우리 역시 나르시시즘이라는 두텁고 두꺼운 자기애의 자궁에서 나오지 않으면 결코 진정한 주체가 될 수 없다. 나르시시즘에서 나와야 진정한, 그리고 타인에 대해 배려할 수 있는 확대된 자기애를 갖게 된다. 그래서 스캇 펙은 사랑이란 자기의 자아를 확장하려는 의지라고 정의했다.

사랑이 진실했다면 우리는 자기의 인간성을 고민하게 된다. 무엇이 나인가? 무엇이 나를 나되게 하는가? 내가 했다는 그 사랑은 과연 사랑이었을까? 그런 회의와 고뇌가 동반된 밤을 지새운 적이 없다면 우리는 사랑한 게 아니라, 내 나르시시즘의 욕구를 누군가를 통해 채우고 싶었을 뿐이다.

때로 사랑이라는 거창한 단어보다 정(情)겹다라는 말이 더 와 닿을 것이다. 감히 사랑을 논하지 않고 신퇴해주는 그 마음만으로 황송하다고 자기를 낮출 것이다. 그리고 죽기 직전 사형수들이 내뱉는 외마디 말처럼 떨리며 신중하게 상대를 향해 이 말을 고백할 것이다.

"그래도 사.랑.해."

# 07

## 가족을 떠나도 가정은 떠나지 않는다

"가족을 떠나도 가정은 떠나지 않는다."

가정에 대해 오래 연구한 찰스 셀이라는 학자가 한 말이다. 물리적인 이유(결혼, 취업 등)로 가족들과 거리를 둘 수는 있으나 그 가정에서 배운 가치관이나 습관 등은 가족을 떠나도 살아 있다는 것이다.

늘 절약이라는 이름으로 인색하게 무언가를 준 부모 밑에서 자란 아이들은 가정을 이루어도 여전히 자신이 그 인색함에서 벗어나지 못함을 자인하게 된다. 그렇게 학습되어 버린 것이다. 그런 가정을 역기능 가정이라 부른다. 가정의 기능이 원활이 돌아가지 못한 가정이라는 의미다. 가정의 가장 중요한 기능은 바로 대화다. 대화가 통해야 감정(정서)이 교류한다. 대화는 필요에서 나오는 것이 아니라 마음에서 나온다. 배우자가 서로를 대하는 마음가짐에서 대화가 나오고, 감정이 교류하며 그(그녀)가 속한 가정이 순기능 가정이 되느냐 역기능 가정이 되느냐가 구분된다.

역기능 가정의 문제는 한둘이 아니지만 가장 큰 문제 중 하나는 대화 부재로 인해 가족 구성원이 서로에 대해 충분히 마음을 전하지 못한다는 것이다. 그로 인해 불필요한 오해가 생기고 정말 없어도 될 쓸데없는 근심 걱정이 끊이지 않으며, 사소한 문제가 크게 확산되어 가족 간의 유대를 깨뜨리거나 신뢰를 서서히 망가뜨리게 된다. 그로 인해 분노의 문제가 발생하면 더 이상 말하지 않거나 싸우듯 말을 하면서 다시 역기능이 재확산된다. 그래서 역기능 가정 출신들은 말을 하되 진심을 말하지 못하거나 망설인다. 그로 인해 생기는 게 눈치다. 눈치를 많이 보면 서로 어색해진다. 어색해지니 또 말을 못하고 지나간다. 이런 악순환이 돌고 돈다. 어색함 속에는 낯섦과 혼란과 수치심과 자존심이 깔려 있다.

이런 중대한 문제를 해결하지 못하고 결혼이라는 걸 하게 되면 반드시 배우자와 자녀에게 이 역기능이 전가된다. 사람은 새로운 걸 좋아한다고 하지만 자기 성격이나 행동 패턴에 관한한 새로운 것이 아니라, 익숙한 걸 더 좋아하도록 되어 있다. 그래서 역기능성은 다시 다음 세대에서 전가되며 대물림된다. 그래서 한때 이런 역기능성의 대물림이 가계에 흐르는 저주라고 떠드는 사람들이 많았다. 저주는 아니다. 그러나 치유되지 않은 역기능성은 저주같이 반복될 가능성이 높은 건 사실이다.

80이 넘으신 아버지는 내가 어린 시절 늘 바쁜 경찰 공무원이셨다. 바쁘다 보니 아버지와 놀이를 하거나 무엇가를 함께한 기억이 많지 않다. 아주 어린 시절 물 깊은 개울에서 아버지의 목을 손으로 끌어 안고 잠시 수영한 게 유일한 기억 중 하나다.

고등학교 1학년 시절 가족 모두가 서울로 이사를 가고 나만 지방에 남아 고등학교를 마쳤다. 가족과 같이 산 시기는 16년이 전부인데, 그 16년간 나는 부모님과 정서를 나누고 속 이야기를 주고 받은 적이 없었다. 그러다 보니 이것도 핑계라는 걸 알지만 나는 하나뿐인 딸아이와 어린 시절을 제외하고는 다정한 대화를 나눈 기억이 없다. 늘 바빴고, 대화는 아내 몫이었다. 그러나 아내가 세상을 떠나고 5년이 되어가다 보니 그 시절 아이와 다정한 대화를 쌓아놓지 못한 후유증을 앓고 있다. 아이도 나도 서로 다정한 이야기를 나누지 못하는 것이다. 그러니까 역기능 가정은 서로가 서로에게 갑돌이와 갑순이 노래

와 같다. 하고픈 말을 못하고 가슴앓이하며 혼자 속상해 한다.

역기능 가정의 구성원들은 가족들끼리 정서적인 끈끈함이 있다. 하지만 표현이 너무 서툴거나 말을 하지 않다 보니 도대체 무슨 생각을 하는지, 어떤 마음인지 감을 잡을 수 없다. 그런 가정에 말을 잘하거나 가족끼리의 소통을 정리해 주는 한 사람이라도 있다면 다행이다. 그 사람으로 인해 가족의 대화 창구가 열리고, 혈액순환이 되듯 따뜻한 정서가 오갈 수 있기 때문이다. 그러나 역기능 가정에 그런 사람이 있다는 그 자체가 기적이다.

나는 가족 관련 강의를 할 때마다 "가족을 망가뜨리는 건 사단 마귀가 아니라, 바로 어색함"이라고 강조한다. 사랑한다는 말이 어색해서 참다 보면 정말 사랑한다고 말해야 할 때를 놓친다. 미안하다는 말을 해야 하는데 그게 어색해서 타이밍을 놓쳐 더 서운한 감정을 쌓게 된다. 진심은 그게 아닌데 가족들이 자꾸 나를 소외시키는 것 같고 등 돌리는 것 같아 마음이 점점 더 억울해져 간다. 한 마디만 하자. 말하지 않아도 알 수 있는 건 초코파이 광고뿐이다. 말해야 안다. 표현해야 느낄 수 있다.

어느 꽉 막힌 남편과 40년을 산 아내의 몸에 암이 찾아왔다. 말기 암이다. 어느 날 병실에 남편이 오더니 안 하던 짓을 한다. 링거를 맞고 있는 아내 손을 붙잡고 나지막한 소리로 "여보야, 미안하다. 미안해. 그리고 고맙고 사랑한다. 사랑해"라고 말하자 아내가 눈을 뜨더니 쉰소리를 내며 한 마디 했다.

"왜 그 얘길 지금에서야 해. 평생 동안 원했던 말인데. 왜."

이게 역기능 가정의 슬픔이다. 그러니 제발 세 번만 각오하고 어색하지만 사랑한다고, 고맙다고, 좋아한다고, 미안하다고 고백하길 바란다. 그럼 네 번째부터 절대 어색하지 않게 된다. 그걸 못해 평생 오해하고 아쉬워하며 서로 아파 끙끙대는 가정의 슬픈 현실을 자녀들에게 대물림하지 않도록 하자. 우리 세대로 충분하다.

# 08

## 스스로가 만든
## 천국과 지옥

    모든 종교에서는 천국과 지옥을 말한다. 천국을 극락이라 말하기도 하지만 용어야 어찌되었든 죽어서 가는 좋은 곳은 천국이고, 나쁜 곳은 지옥이다. 분명히 천국과 지옥은 장소의 개념이지만 반드시 장소의 개념으로만 볼 수는 없다. 천국과 지옥은 상태의 개념이기도 하다. 정확히 말하자면 '마음의 상태'를 의미한다. 마음에 지옥이 있으면 가정뿐만 아니라 모든 관계를 지옥으로 만든다. 마음에 천국이 있는데 가정을 지옥으로 만든 사례는 이제까지 본 적이 없다.

가정폭력은 인간의 원초적 존재인 가정을 파괴하는 주범이다. 가정폭력을 목격한 자녀들은 극심한 수치심, 분노, 혼란, 우울증, 파괴성으로 나아간다. 대부분 가정폭력을 행하는 사람들은 슬프게도 남성들이 많다. 물론 남성의 호르몬인 테스토스테론 속에 폭력적 성향으로 변할 수 있는 요소들이 여성보다 더 많다는 것을 부인하지 않겠다. 그러나 모든 남성이 테스토스테론의 부정적 성향에 사로잡혀 문제를 일으키지는 않는다.

호르몬도 문제가 있겠지만 후천적인 문제가 더 크다. 어른이 되었음에도 남의 마음을 공감하지 못하는 미숙한 사람, 자기감정에만 사로잡혀 타인의 아픔을 전혀 느끼지 못하는 그런 사람들을 '성인 아이'라고 부른다. 몸은 성인인데 정신은 아이와 같이 미숙하고 자기중심적이라는 의미에서 '성인 아이'라고 말한다. 한국 사회를 떠들썩하게 했던 모든 범죄들은 90% 이상이 성인 아이가 저지른 참극이다. 공통적으로 그런 참극 뒤에는 불행한 가정 속에 살아야 했던 어린 시절의 고통이 스며 있다. 그런 피해자들이 어느 날 가해자의 모습으로 둔갑하여 자기가 겪었던 지옥을 현실에서 재현하는 것이다.

가족치료사인 버지니아 사티어는 "가정은 공장과 같다"라는 아주 유명한 말을 남겼다. 좋은 공장은 정품을 만들어내지만 나쁜 공장은 불량품을 만들어내듯, 순기능 가정은 우리 사회에 유익한 사람들을 길러내지만 역기능 가정은 우리 사회에 불량품과 같은 사람을 배출하는 곳이라고 했다. 사티어는 역기능 가정의 가장 큰 특징을 부정적 자아상과 대화의 부재, 혹은 대화의 불통으로 꼽았다.

가정폭력을 양산하는 역기능 가정에서는 높은 자아상을 가진 가족 구성원이 나올 수 없다. 자아상이란 자기자신이 스스로를 평가하는 기준이다. 칭찬과 격려가 잦은 가정의 구성원들은 자아상이 건강하고 자존감(self esteem)이 높다. 그런 사람들은 명료하게 대화하고 사물이나 현상을 부정적으로 보지 않는다. 피해의식이 없으니 당연하다. 반면 역기능 가정은 서로에게 사랑과 정(情)을 갖고 있으나 표현하지 않는다. 불만이 생기면 이를 억압하거나 수동적인 공격성을 보인다. 대화하려 하지 않고 시간이 해결해주기를 기대하며 문제가 넘어가기만을 바란다. 그러다 보니 가족 간의 갈등이 생기면 정확히 무엇이 문제인지, 어떻게 해결해야 할지 갈피를 잡지 못할 뿐만 아니라 그런 기준을 그 누구도 제시하지 않는다. 쉽게 말해 가정폭력의 가해자들은 하나같이 대화하기를 두려워하거나 너무 미숙하여 작은 분노에도 이를 크게 과장하여 폭발시킨다는 것이다.

속담에 '자라 보고 놀란 가슴 솥뚜껑 보고 놀란다'는 말이 있다. 어린 시절 받았던 모멸감이나 분노의 감정을 억압하고 살다가 가족 구성원 중 누군가가 그런 감정들을 자극하면 분노와 모멸감이 증폭되어 폭발한다는 것이다. 그래서 가정폭력은 순간적인 화를 참지 못해 결국 화(火)가 되어버린 결과라고 할 수 있다. 분노는 불과 같은 것이다. 불처럼 다 태워버린다. 욱하는 분노를 참지 못해 배우자와 부모에게 혹은 자녀들에게 언어 폭력, 육체적 폭력, 위협을 하였다면 그날까지 쌓아온 좋은 이미지들은 그 순간 다 타고 만다. 문제는 얼마 지나지 않아 이렇게 행동한 자신의 모습을 후회한다는 데 있다.

대부분의 분노 중독자들은 어떤 공식처럼 화를 내고선 후회하고 안 하겠다고 말한다. 다시 좋은 부모, 배우자의 모습을 보이지만 얼마 가지 않아 다시 헐크의 모습으로 둔갑하다 보니 가족 구성원 사이에 가장 깊어야 할 신뢰(trust)는 사라지고 냉소와 불신만 남게 된다. 그래서 가정폭력은 폭력의 문제만큼 가족 간의 신뢰감을 깨뜨린다는 점에서 가장 최악의 폭력이라 말할 수 있다. 자기보다 돈을 많이 버는 아내를 남편이 살해했다는 뉴스가 보도된 적이 있었다. 남편이 아내에게 이혼을 요구하면 재산과 아이들을 모두 빼앗길 것 같아 저지른 행동이라고 했다. 과연 그 아이들은 평생 감옥에 있어야 할 아버지를 어떻게 생각할 것인가.

나는 대학생 딸을 두고 있는데 아이 말투가 마음에 들지 않을 때가 있다. 물건을 바닥에 툭 던지는 모습이 보기가 좋지 않아 몇 번 그런 면들을 고치라고 지적했다. 그런데 가만히 보니 그 모습은 내가 아내에게 했던 말투요, 그런 행동은 내가 흔히 했던 모습이라는 것을 알게 되었다. 순간 얼굴이 화끈거리고 표현할 수 없는 수치심을 느꼈다. 자괴감이라고나 할까. 아이들은 미우나 고우나 부모를 보고 배운다. 그런데 아이들은 부모의 앞모습이 아닌 뒷모습을 보고 배운다.

심리학을 공부하면 할수록, 내담자를 치유하면 할수록, 정신분석학을 연구하면 할수록, 부모라는 존재는 아이들에게 너무나 강력한 존재라는 것을 발견한다. 프로이트는 아이들이 유년기 시절 부모와의 동일시를 통해 성격을 구성해나간다고 했다. 우리의 성격은 부모가 내게 행했던 패턴과 '소리의 집합'이라는 것이다. 가정폭력을 행한 모든 가해자들 마음속에는 언제나 미해결된 타산 같은 분노가 자리 잡고 있다. 뿐만 아니라 그 안에 깊은 거절감과 좌절감, 모멸감이 스며 있다. 얼굴은 천사 같지만 한 번 눈이 뒤집힐 만한 일이 생기면 악마의 모습으로 가족들의 마음에 씻을 수 없는 충격을 준다.

나는 우리 사회가 겉으로만 번지르르할 뿐 내면은 분노와 좌절, 불평과 냉소로 가득하다고 진단한다. 가장 가난한 나라에서 70여 년 만에 선진국 대열에 올라섰으니 이런 나라는 유례를 찾아볼 수가 없다. 그런데 최근 각 나라 국민의 정신건강을 알려주는 세 가지 지표에서 우리 나라는 상위권을 차지했다. 우울증 증가율 1위, 자살률 1위, 이혼율 2위다. 국민들 정신건강에 빨간불이 아니라 비상벨이 켜진 것이다. 왜 이렇게 행복하지 않을까? 먹고 사는 것이 너무 힘들었을 때도 이러지 않았는데 말이다. 영어, 수학만 배웠지 같이 사는 법, 대화하는 법, 남자가 여자를 이해하는 법, 여자가 남자를 이해하는 법 등 가장 기본적인 삶의 주제들을 배워본 적이 없어서 그렇다는 것이 나의 진단이다.

이웃집에서 비명 소리가 나고 물건 깨지는 소리가 나도 경찰에 신고하지 않는 것은 '가정 일은 각자 알아서 해야 한다'라는 암묵적인 정서적 동의 때문에 생긴 그야말로 역기능적 태도가 아닐 수 없다. 행복지수를 통계내면 전 세계에서 하위의 점수를 기록하는 우리 대한민국이다. 가정의 해체와 위기는 갈수록 가정폭력을 양산해 내는 역기능적 공장으로 만들고 있다. 거기다 빈익빈 부익부라는 경제구조는 사회의 약자들인 저소득층들의 가정을 더욱 망가뜨리고 있다. 아이들이 잘 때 부모가 일을 나가고 들어오는 현실은 아이들에게 방임의 폭력이 아니고 무엇이겠는가?

이제 가정폭력의 문제를 그저 육체적 학대의 차원에서만 다루지 말아야 한다. 정서적 범위로 넓혀야 한다. 가능하다면 부부 대화법,

부모-자녀 대화법, 비폭력적인 대화법, 분노 치료, 내적 치유와 같은 분야들이 늘어나서 행복한 개인을 만드는 것이 결국 행복한 가정을 만드는 것이라는 인식을 확대시켜야 한다. 가정이라는 영어 단어인 Family는 'Father and Mother I Love You'의 앞글자를 모아 놓은 것이라는 말이 있다. "엄마, 아빠 사랑해요"라는 고백들이 모여 이루어진 가정이 더 이상 언어 폭력과 육체적 폭력으로 망가지고 깨져 지옥이 되는 일을 멈추도록 해야 할 것이다. 사람이 살아가는 가정은 그래야 하기 때문이다.

# 09

## 기저정서의
## 미해결


 의학에서 기저질환(基底疾患, underlying disease)이라는 말이 있다. 늘 갖고 다니는 고질적 지병을 의미한다. 의학적으로는 어떤 질병의 원인이나 밑바탕이 되는 질병을 뜻하는 말이다. 이에 착안하여 기저정서(基底 情緖, underlying emotion)라는 말을 만들어냈다. 기저정서란 항상 그 사람의 마음에 깔려있는 전제와 같은 것이다. 쉽게 말해 늘 불안한 사람은 편안함을 추구하지만, 결국 도돌이표처럼 다시 불안한 사람으로 돌아온다. 일종의 확인 사살 같다.

 내가 아는 부부가 있다. 남편은 어린 시절이 불행했다. 어머니와 아버지가 동거하여 우연히(?) 아이가 생겨 할 수 없이 결혼한 경우다. 그리고 한 살도 되기 전에 어머니의 가출로 할머니 손에서 자랐다. 한 번도 엄마를 만나지 못했다고 한다. 그래서 엄마에 대한 그리움이 많다. 그 남자의 아내 역시 만만치 않은 삶을 살았다.

부모가 있었으나 형제 다섯 중에 막내였는데, 막내라면 사랑받았을 것이라 생각하지만 엄마가 산후 우울증으로 거의 방임하다시피 키웠다고 한다. 그녀에게 엄마는 중학교 시절까지 엄마처럼 여겼다는 큰 언니였다. 엄마는 오랫동안 우울증을 앓았다. 문제는 엄마는 지금까지 생존해 계시지만 큰 언니가 교통사고로 세상을 떠난 것이었다. 언니 나이 17세에 말이다. 그런 사연을 가진 두 사람이 만나 사랑이라는 걸 하고 아이가 생겨 결혼을 했지만 허구한 날 다투었다. 두 사람은 만나지 않았으면 더 좋았을 사람들이었다. 이걸 다행이라고 해야 하나, 임신 후 아이가 사산되었다. 그래서 아이 없이 사는 부부가 되었다. 이 부부의 특징은 일주일 중 5일 정도는 지옥, 이틀 정도는 천당을 오간다는 것이다. 천당이라는 것이 좋다는 말이 아니라, 그저 아무 일이 없는 것을 의미한다. 여기 저기서 상담을 받았다고 했지만 이야기를 들어보니 상담을 왜 받았나 싶을 정도로 변한 게 없었다. 나는 이들이 기저질환과 같은 기저정서의 문제가 미해결된 것이 가장 큰 문제라고 보았다. 흔히 어린 시절에 경험한 내용은 뇌에 각인된다.

　남편은 항상 자신이 버림받았다는 유기불안에 시달렸다. 엄마와 함께 보낸 시간은 태어난 지 9개월이 전부였다. 그는 신기하게도 어린 시절 엄마와 자신이 하나가 된 듯한 순간을 기억한다고 했다. 그게 현실인지 환상인지 확인하고 싶다고 했다. 그렇게 42년을 살았으니 그럴만도 하다. 그는 부부싸움이 잦을 때마다 아내가 자신을 버리고 갈 것이라는 두려움을 느낀다고 했다. 그러면서도 자존심이 강해서 "갈 테면 가라"고 소리지른다고 했다. 그래서 아내가 며칠씩 친정으로 도망가듯 가 버리면 빈 집에서 엉엉 울며 통곡을 한다고 했다. 3일 정도가 지나면 아내에 대한 사랑이 올라오면서 집안 정리를 해두고 아내에게 용서를 구한다고 했다. 아내도 그런 남편이 불쌍하다고 생각되었는지 돌아와서 아무렇지도 않게 남편이 만든 음식을 먹으며 지냈지만 이제는 더 이상 그런 변덕을 버텨줄 에너지가 없다고 한숨을 쉬었다.

　이 두 사람의 문제는 자세히 묘사하면 작은 책 한 권이 나올 분량이지만, 짧게 줄여 이야기한다면 기저정서 미해결이 그 핵심에 있다. 범인은 반드시 범죄를 저지른 현장에 다시 온다는 말이 있다. 상처도 그렇다. 마음에 상처가 깊은 사람들은 그 상처가 어디로 도망갈까봐 반드시 다시 그 자리로 돌아온다. 스스로에 대한 확인 사살이다. 아이러니하지 않은가. 상처가 낫게 해달라고 상담이나 심리치료를 받으러 오는 사람들 대부분이 마치 최면에 걸린듯 자신의 기저정서로 돌아가고 마는 이 거처구니없는 현상을 무엇이라 설명해야 할까.

동양 속담에 근묵자흑(近墨者黑)이라는 말이 있다. 먹을 가까이 하면 검어진다는 의미다. 짜장면을 먹다 보면 어딘가에 짜장의 일부가 묻는 것처럼, 상처가 싫다고 하지만 그 상처와 오랜 세월 동거하다 보니 낯익은 대상이 된다. 문제는 그런 상처를 안고 사는 사람들일수록 이상적인 행복을 꾼꾼다는 것이다. 그래서 그들에게 현재는 없다. 과거의 상처, 그 기저정서를 반복할 뿐이다. 그 장소가 현실이다. 그리고 현실이 그러함에도 여전히 자기들은 미래가 행복할 것이라 상상한다. 과거, 현재, 미래가 상처의 확인과 막연함으로 가득 차 있다. 도대체 왜 이렇게 살고 있을까? 정답은 억울함이다. 과거의 상처가 억울한 것이다. 거절당해 억울하고, 버림받아 억울하고, 무관심하여 억울하고, 가난해서 억울하고, 소외당해 억울하고, 몸이 아파 억울하고, 편애받아 억울하고, 학대받아 억울하고, 방임당해 억울하다.

상담을 하면서 가장 힘든 경우는 자기 상처를 무조건 없애달라고 하는 사람이다. 사마귀나 혹을 떼듯 마음의 상처를 뗄 수 있다고 생각하는 듯하다. 그럴 수 있다면 나는 이미 상담료 받아 작은 빌딩을

샀을 것이다. 누구도 그럴 수 없다. 상처는 스스로 마주하여 묵묵히 관조해낼 때 그 질긴 기저정서가 변환될 수 있는 가능성이 열리는 것이다. 그렇게 자기 상처를 마주하고 관조하기까지 돕는 이가 상담자다. 상담자는 절대 문제 해결사가 아니다.

모두가 자기만의 기저정서를 갖고 산다. 기저 정서는 크게 두 가지로 나뉜다. 어둡고 습하며 비극적인 다크니스(Darkness) 정서와 밝고 아름답고 명랑하며 편안한 브라이트(Bright)한 정서가 그것이다. 버림받고, 죽고 싶고, 죽이고 싶고, 너무 애닯고, 고통스럽고, 숨막히고, 불안하고, 괴기스럽고, 추하고, 도망치고 싶은 정서가 다크니스 정서다. 그리고 사랑, 이해, 공감, 수용, 연민, 친절, 여유, 그리움, 추억, 상상, 웃음, 유머가 깃든 정서가 브라이트 정서다.

쉽게 말하면 호러 영화가 다크니스다. 그 안에는 괴기스럽고, 어둡고, 혐오스럽고, 무자비하고, 끔찍과 엽기가 난무하다. 결과는 비극적이며, 복수와 살해가 반복될 뿐이다. 로맨스 영화는 그 반대다. 웃음, 유머, 설렘, 사랑, 아름다움 등으로 가득하다. 너무 이분법적으로 정서를 나눠 아쉽기도 하다. 그러나 일단 이렇게 두 정서를 크게 구분해야 조금씩 답을 구해 나갈 수 있다. 다크니스나 브라이트가 섞여 있는 기저정서를 가진 분들도 많다. 참 어렵고 혼란스러운 경우다. 그래도 다크니스가 기저정서인 사람들보다 훨씬 낫다. 다크니스 정서에 붙잡힌 사람들은 한이 맺혀 있다. 모두 정상적인데 발달단계가 너무 왜곡되었다.

이런 사람들은 자기 분노를 한풀이할 대상을 만들어 놓는데 그게 슬프게도 부부 관계일 경우가 많다. 이혼이 아니라면 도망가지도 못하고 계속 마주해야 하는 상황이니 말이다. 그래서 기저정서를 갖고 사는 사람과 10년 이상을 살면, 기저정서를 가진 사람은 상대에게 어느 정도 풀어서 얼굴빛이 나아지는데 상대 배우자는 얼굴빛이 흙빛이다. 특히 마음이 착하고 여린 아내들이 더욱더 그런 성향을 보인다. 도망할 곳이 없다고 판단하면 이상하게도 몸이 아파오기 시작한다. 수많은 스트레스가 면역기능을 건드린다.

사실 모두가 아픈 사람들이다. 아내도 아프고 남편도 아프다. 다만 이 말은 분명히 해주고 싶다. 부부 싸움을 할 적에 서로 자존심을 극도로 세우면서 "죽인다, 죽여라"를 외치고, 집안의 물건을 집어던지고 깨부수면서 관계를 파국으로 몰아간다면 그건 분명 자기 내면의 파괴적 기저정서에 휘둘리는 것이다. 그 결과는 상처와 무의미, 그리고 비참한 비극뿐이다.

많은 이들이 과거의 기저질환 같은 기저정서에 매몰되어 과거 상처의 상황만 도돌이표처럼 반복하고 재확산시키는 행동은 삼가하길 바란다. 기저정서가 지독하게 강하다고 해도 현실만큼 소중하고, 내 앞에 있는 가족만큼 소중한 대상이 어디 있는가. 어리석음이 문제다. 다크니스 정서도 감당이 안 되는 어리석음 말이다.

다석 유영모 선생은 어리석음을 얼이 썩음이라 하였다. 얼은 영혼과 정신을 의미하며, 이 모든 게 썩었다는 것이다. 어리석음은 지옥을 앞당긴다. 마음이 천국인데 왜 가정을 지옥으로 만드는가.

# 관계 회복

4

# 01

# 네 이웃을
# 네 몸과 같이 공감하라

    사람은 누구나 마음에 송신기 하나를 갖고 산다. 그 송신기는 누군가가 나의 마음을 알아주지 않을까라는 주파수를 끊임없이 보낸다. 그래서 마음의 주파수, 정서적 주파수가 나와 갖으면 너무 기뻐하며 마치 상대가 나의 전부를 아는 것인 양 잠시 착각에 빠진다. 그 정서적 주파수를 상담에서는 '공감(empathy)'이라고 부른다.

    공감은 살아있는 모든 것이 원하는 것이다. 특히 포유류일수록 공감의 힘은 절대적으로 중요하다. 영장류, 특히 인간에게 공감은 인격의 핵심을 결정하기도 한다. 모든 존재는 자기자신을 확인받길 원한다. 그런 욕구가 구체적으로 드러난 것이 바로 '인정의 욕구'다. 아이들에게 그 인정의 힘은 절대적이다. 인간은 누구나 건강한 자아상의 가능성을 갖고 태어난다. 그러나 그 가능성을 어머니나 아버지가 확인해줄 때 비로소 그 가능성이 실제가 되는 것이다. 김춘수 시인의 '내가 그의 이름을 불러주기 전에는 그는 다만 하나의 몸짓에 지나지 않았다. 내가 그의 이름을 불러주었을 때 그는 나에게로 와서 꽃이 되었다'는 시처럼 말이다.

신생아를 둔 엄마는 아기가 옹알이를 할 때면 큰 눈으로 탄성을 지르며 "아유, 우리 아가가 옹알이를 하네! 아이구 예뻐라! 엄마에게 무슨 말 하고 싶어요? 아유, 그래그래 신났어, 우리 아기? 엄마도 신나요!"라며 공감을 주고받는다. 이런 공감은 아이의 자아를 가능성으로 이끈다. 천재는 유아기 시절 부모가 적극 지지해주고 반응해준 결과로 뇌세포가 활성화되면서 특별한 능력이 생긴 사람을 뜻한다. 공감을 많이 받고 자란 아이는 공감적인 사람이 된다. 그리고 공감을 불러일으킬 줄 아는 사람이 된다. 그런 아이는 어디 가서도 인기다.

가족치료에서 사용하는 용어 중 '역기능 가정'이라는 개념이 있다. 역기능 가정은 인간의 가장 기본적 욕구인 공감의 부재, 대화의 부재, 반응의 부재, 감동의 부재 등을 말한다. 그저 "밥 먹어라. 다녀오

겠습니다"와 같은 가장 기본적 대답 외에는 할 말이 없는 가정을 말한다. 한 마디로 공감의 부재 가정이다. 그러면 그럴수록 사람은 속생각이 많아지고, 겉으로 그 속생각을 표현하지 않는다. 할 이유도 없고 할 필요도 없으니 커뮤니케이션이 제대로 될 리 없다. 그래서 역기능 가정의 구성원들은 다들 내면이 외롭다. 계산적인 공감이나 이익을 생각하는 공감, 정치적인 공감이나 상황적 공감이 아니라 '진심에서 우러나오는 공감'을 하루에 단 한 번이라도 받을 수 있다면 누구나 행복할 것이다.

모든 대화의 목적은 단 하나, 공감받기 위해서다. 공감 없는 대화는 결국 정보의 전달일 뿐이요, 썰렁한 넋두리에 불과하다. 나는 같은 남자지만, 남자들끼리 정치나 경제 같은 큰 문제들을 갖고 대화를 하는 게 참 불편하다. 여자들은 아주 작은 주제 하나를 갖고도 한 시간 내내 수다라는 대화의 장을 만든다. "맞아 맞아. 아 그랬구나. 아유 어째." 이런 반응들이 수다를 더 풍성하게 만드는 것이다. 그래서 남자 아이들도 어린 시절부터 작은 것에 반응하고 감탄하며 풍성한 이야기가 나올 수 있도록 '이야기 지도'가 필요하다. 별것도 아닌 이야기를 재미있게 해줄 수 있다면 아이들은 자연스럽고, 그런 대화 속에서 공감 교육을 체득한다. 이건 평생 동안 그 사람의 정신건강을 지켜주는 대안이 된다. 중년기 이후에 배우자가 사망한 경우를 보면 여자들은 잠시 남편의 부재를 애도하지만 곧 일상으로 돌아온다고 한다. 하지만 남편은 아내가 떠나면 멘탈붕괴가 오면서 갈수록 고통을 받게 되는데, 자신의 대화를 받아줄 대상이 부재한 탓에 절박한 고립감으로 심신이 병든다고 한다. 옳고 그름만이 대화의 주제였기에, 다정하고 소박한 주제를 갖고 이야기하는 법을 평생 배우지 못한 탓이다.

예수님께서 하신 유명한 말씀, "네 이웃을 네 몸처럼 사랑하라"를 "네 이웃을 네 마음처럼 공감하라"로 바꿔 이해해 보자. 그러면 내가 잠시 베푼 공감도 메아리처럼 돌아오게 될 것이다. 남은 인생, 모두가 공감하는 법만 배워도 삶의 질이 지금보다 훨씬 달라지게 된다.

## 02

# 인간의
# 자기 중심성


　장 삐아제는 전조작기 같은 유명한 개념을 만들어낸 교육학에서 반드시 거론되는 인지 심리학자다. 그는 유아기의 특성을 자아 중심성과 물활론(모든 사물이 살아 움직인다는 사고)적 사고를 꼽았다. 유아는 모든 걸 자기 중심적으로 사고하고 해석하고 바라본다는 것이다. 아이들을 키운 이들은 잘 알겠지만, 어린 동생이 자기 장난감을 만지면 가장 많이 하는 말이 바로 "내꼬야!"다. 내 것이라는 사고, 그래서 나눌 수 없다는 사고, 공감도 이해도 가능하지 않은 사고, 그게 바로 전조작기에 있는 어린 아이들의 사고방식이라는 것이다. 쉽게 말하여 순진한 이기주의다. 사실 어린 시절에는 이런 사고가 있어야 정상이다. 그런데 나이가 들어도 "내꺼야!"를 반복하고, 남의 입장을 전혀 배려하지 않는 사람은 도대체 어떻게 이해해야 할까.

상담을 오래 하다 보니 사람이 크게 두 가지로 나뉜다는 걸 알 수 있었다. 공감 능력이 있는 사람과 있는 척하는 사람이다. 공감 능력이 없는 사람은 사람으로 보이지 않기에 아예 분류의 범주에서 제외하였다.(공감 능력 부재자들로 가장 대표적인 유형이 바로 사이코패스와 같은 인격장애자다) 문제는 공감 능력이 있는 척하는 사람이다. 그런 사람들과 상담을 하다 보면 결국 그들은 공감을 하고 싶은 게 아니라, 자기 이야기를 하고 싶어 한다. 그러면 나는 언제나 '저 사람은 삐아제가 말한 전조작기 수준이구나'라고 판단한다. 이런 판단에 대해 비난받더라도 그렇게 분류한다. 그래야 그 사람이 미워지지 않는다.

자기 안에 갇히는 것, 이것은 참 무서운 병이다. 다른 게 광기(madness)가 아니라 이게 광기다. 그런데 참 아이러니하게도 광기를 가진 사람은 자기 같은 광기를 가진 사람을 좋아한다는 것이다. 친구로 삼고, 선후배로 삼고, 남편과 아내로 삼는다. 그런데 머지 않아 광기가 서로 충돌한다. 서로 자아중심성으로 뭉쳐진 성격의 핵을 지니고 있으니 그럴 수밖에 없다. 자아중심성이 강한 사람들은 내면이 따뜻해 보이지만 사실은 냉정하기 그지없다. 더 정직히 말하자면 그런 따뜻한 에너지가 넘쳐나지 않는다. 겨우 자기 내면의 온도를 유지할 수준이다.

이런 사람들을 정신분석가 해리 건트립은 분열성 성격이라고 불렀다. 정신분열증 환자가 아닌, 말 그대로 분열성 성격의 소유자라는 것이다. 이런 분열성은 언제나 사람을 있는 그대로 대하지 못한다. 자기 나름의 환상을 갖고 대한다. 그리고 그 환상이 깨어지면 상대와의 신뢰나 관계도 같이 무너지게 된다. 즉, 상대는 오직 내 환상과 연결될 수 있는 무언가가 있을 때만 존재할 수 있는 것이다.

상담학, 심리학, 심리치료 같은 것을 공부하면서 배운 참 좋은 점 하나는 사람의 유형이 MBTI에서 말하듯 16가지 유형과 에니어그램의 9가지 유형으로만 나눌 수 없는 아주 세밀하고 디테일한 유형이 존재한다는 것이다. 이런 디테일한 면으로 따지자면 사람을 어떤 유형의 범주 안으로 나눌 수는 없을 것이다. 그저 70억 명의 사람들이 있다면 70억 가지의 유형이 있을 뿐이다.

자기를 끊임없이 확인하고 싶은 전두엽의 거울신경세포는 지속적인 공감을 원한다. 이런 공감이 어린 시절 어느 정도 채워져야(Good enough) 인간은 타인의 어떠함에 공감할 수 있는 능력이 비로소 만들어지는 것이다.

그러나 어린시절 이런 거울반응(아기시절 아기의 감정을 받아주고 반영해주는 반응), 거울대상, 거울체험을 받지 못한 사람은 마음에 한이 맺힌다. 그리고 그렇게 한이 맺혀 고착된 마음은 인격의 중심줄기가 되어 모든 관계를 철저히 자기중심성으로 바라보고 느끼고 판단하도록 만든다. 분명 인간은 누구나 어느 정도 이기적이고 자기애적인 것이 사실이다. 단, 그런 성향이 타인의 눈에 밉지 않아 보이면서 웃음을 줄 수 있다면 우리는 그것을 성숙이라 부른다. 그런 성숙이 과연 어린시절 공감없이 자란 사람들에게 가능할 수 있는 과제일까? 공감능력 테스트나 검사 방법이 있다면 가능하겠지만, 그렇게 비공감적인 사람으로 결과가 나온다면 그것을 수용하고 고치려 하는 사람이 몇이나 되겠는가? 그런 의미에서 사람은 출생할 때부터 어느 정도 자폐적 존재라고 말한 자아심리학자 마가렛 말러의 지적을 인정할 수밖에 없다.

# 03

# 사람이
# 쉽게 변할까

어린 시절 『박군의 마음』이라는 작은 책자를 흥미롭게 읽은 기억이 있다. 돼지, 호랑이, 거북이, 뱀, 염소, 공작새, 두꺼비 같은 동물적 요소들과 악마로 상징된 사악한 마음이 우리 마음을 지배하고 있다는 내용이었다. 마음의 윗부분에 눈이 있는데 눈은 양심을 의미하며, 이런 것들로 인해 눈이 흐려지고 양심이 무뎌진다는 것이다. 그래서 이런 모든 걸 내쫓고 예수 그리스도와 선한 마음으로 채워야만 마음의 평안과 구원이 임한다는 내용이었다. 지금 봐도 그 시절의 감동이 그대로 느껴진다. 하지만 지금 와 생각해보면 문득 한 가지 의문이

든다. 정말 인간이 한 번 회개하고 마음을 돌이킨다 하여 바뀐 상태로 평생을 갈 것인가.

나는 종교 심리학에 매력을 느껴 그 분야를 깊이 있게 연구한 적이 있다. 종교 심리학에서 가장 중요한 주제를 택한다면 회심(conversion)이다. 한 번 회심을 하면 회심하기 이전으로 돌아가지 못한다. 회심이란 쉽게 말해 근본적인 마음의 변화다. 존재의 변화다. 정말 바뀌는 변화를 의미한다.

외도한 남편이 아내에게 너무 미안하다며 눈물을 흘리며 상담실을 떠날 때, 나 스스로도 감동을 받은 적이 있었다. 그런데 몇 년 후 우연히 그 분의 카톡 프로필을 보니 다른 여자분과 다정한 모습으로 찍은 사진이 올라 있었다. 알고 보니 재혼을 한 것이다. 축복해야 맞지만 순간 예전의 기억이 떠올랐다. 내 앞에서 울며 아내에게 용서를 구한 건 뭐였다는 말인가. 혼란이 밀려왔다. 그 분을 뭐라 하는 건 아니다. 그건 개인의 선택이니 비난받을 일은 아니다. 그러나 그 분의 마지막 모습은 아내에 대한 미안함이었기에 그 사진은 내게 감정의 반전을 선사(?)한 것이다. 잘 살아주길 바란다.

우리는 "그때 그때 달라요"라고 말할 수 있는 자들이며, "나는 변한다. 고로 존재한다"라고 주장할 만한 자들이다. 누군가 약속의 정의를 '깨라고 있는 게 약속'이라고 말하던데, 그 역설이 참 씁쓸하다. 우리가 살면서 지난 세월을 돌아보면 스스로에게, 중요한 사람들에게 얼마나 약속을 남발했던가. 지금까지 잘 지킨 건 도대체 무엇이었을까? 그런 면에서 정신분석가인 윌프레드 비온의 말은 명언 중의 명언이다.

"정신분석의 목적은 사람을 고치거나 치유하는 게 아닙니다. 고쳐도 다시 반복할 것이며, 치유해도 다시 재발할 것입니다. 그러니 정신분석의 목적은 그 사람으로 하여금 자신의 무의식적인 진실을 마주하도록 돕는 과정입니다."

아무리 생각해도 비온의 말이 옳다.

사람은 순간만 진실하다. 그 순간이 지나면 다시 진실은 온데간데없다. 사랑했던 연인과 만났을 때 들었던 그 수많은 말들을 기억해보라. 얼마나 달콤하고, 얼마나 대단하고, 얼마나 진실되고, 얼마나 가슴이 뭉클했는지 말이다. 그러나 지금 그 달콤하고 뭉클함이 다 어디로 갔나? 인간은 참 약하다. 약한데 강한 척할 뿐이다. 그래서 강하게 보일 뿐 세상에 강한 사람은 하나도 없어 보인다.

인간이라 하면 자연스럽게 떠오르는 단어가 바로 연민(compassion)이다. 인간은 궁극적으로 사악한 존재도 있으나 대부분은 연민의 마음으로 바라보면 이해가 된다. 연민이란 상대의 약함을 인정한다는 의미도 있으나 나의 약함도 전제한다는 의미도 깔려 있다. 잘난 체를 해도 연민이 느껴지고, 불쌍해도 연민이 느껴진다. 그러니 누가 누구를 용서한다는 말은 결코 끝이 될 수 없다. 누구를 용서한다고 해도 마지막에 남는 건 용서하는 자와 용서받는 자가 아니라, 연민의 마음으로 토닥여 줄 연약한 실존이 남을 뿐이다.

인간이 느끼는 자의식은 결코 과거형이 없다. 인간은 누구나 '되어져 가는 존재(becoming person)'일 뿐이다. 즉 인간은 누구나 다 변화의 흐름 속에 놓여 있다는 것이다. 그 변화의 속도를 이기적으로 사용하면 변덕이 되는 것이고, 변화의 속도를 묵묵히 견디면 성숙이 되는 것이다. 여담(餘談)이지만 점심에 먹고 싶은 식당을 가려다 엉뚱한 식당에 들어간 적이 한두 번이 아니다. 나만 그럴까.

그렇게 변덕스러운 인생이기에 그런 인생이 신뢰를 주고 약속을 지킨다는 건 참으로 대단한 일이 아닐 수 없다. 논어 자한(子罕)편에 '세한연후 지송백지후조(歲寒然後 知松柏之後凋)'라는 구절이 있다. '추위가 닥친 후에야 소나무와 잣나무가 시들지 않음을 안다'는 뜻이다. 고난이 오고 위기가 와도 변함없는 마음, 소나무 같은 마음이 새삼 우러러보이는 이유는 변덕이 삶의 양태를 벗어나고 싶은 바람일 것이다.

# 04

# 존재를 인정하고, 인정받기

포유류와 파충류의 큰 차이 중 하나가 바로 공감 능력이다. 뱀을 키운 사람을 알고 있는데, 뱀도 사랑을 주면 어느 정도 아는 것 같아(?) 보인다고 한다. 그러나 어느 순간 물리면 배신감이 클 것이다. 강아지를 키운 사람은 안다. 강아지들이 얼마나 사람의 감정을 기막히게 파악하는지 말이다.

나는 햄스터 두 마리를 키우는데 흰순이라는 햄스터에게 정이 더 간다. 비단털 쥐과에 속하는 작은 포유류가 햄스터다. 이 녀석들도 뭔가 비빌 겿을 주면 무척 좋아한다. 집에 오면 짧은 시간 햄스터의 머리를 만져준다. 그리고 말을 건넨다. 말을 건네는 나를 보며 순간 햄스터가 되는 빙의(?)에 사로잡힌다. 다른 햄스터 한 마리는 유난히 겁이 많다. 그래서 나와 눈이 마주치면 도망가기 바쁘다. 그래서 먹이만 준다. 그러나 흰순이는 내가 오면 서서 나를 반긴다. 그냥 반응하는 모습이겠지만, 나는 나를 반긴다고 착각하고픈 것이다. 사람은 반려동물이라도 키우며 자기 존재를 확인받아야 한다. 자기가 먹이를 주고 키운 동물이 다가와주면 그거 하나로도 고맙고 예쁘게 보인다. 하물며 사람은 어떻겠는가?

칭찬해주고 인정해주는 모든 과정은 한 인간을 사람답게 만드는 가장 쉬운 방법이다. 근데 역기능 가정은 그걸 못한다. 윗세대 부모에게서 받은 게 없어서 못하고, 어색하기에 못하고, 필요를 전혀 느끼지 못하니 못한다. 그리고 무거운 침묵만 흐른다. 식사할 때는 어색한 숟가락, 젓가락 소리만 오갈 뿐. 그런 가정 문화 속에서 성장하게 되면 누군가가 인정을 해줘도 있는 그대로 받아들이지 못한다. 그러면 사랑받는 개와 쥐만도 못한 자존감을 갖게 된다. 뭔가 우울하고, 뭔가 개운하지 않으며, 뭔가 불만스러운 이상한 안개 같은 기분이 24시간 동안 지속된다. 이런 사람들은 삶에 자신감이 없거나 정체성이 부족한 모습을 보인다.

그렇게 되면 마음 한 가운데 큰 구멍이 뚫려 깊은 결핍감을 절감한다. 거절도 사람이 하고, 인정과 칭찬도 사람이 하니 사람에게 다가가는 것조차 조심스러워진다. 그래서 항상 수동적인 태도를 갖게 되는 것이다. 사람은 누군가 내 마음을 있는 그대로 바라봐 주고, 공감해 주고 이해해 주고, 인정해 줄 때 마음을 연다. 그럴 때 아슬아슬한 외줄을 타는 스릴을 느낀다. 그리고 그 줄이 당장 끊어지지 않는 줄임을 확인할 때 사람은 비로소 마음의 얼어붙은 것과 냉소적인 것을 거둔다. 그런데 바로 그 시점에 큰 거절이나 외면을 당하면 그 상처는 크게 덧나 사람 자체를 피하게 되거나 옳고 그름에만 목숨을 거는 감정이 없는 사람이 된다. 또는 원칙적인 사람이 된다.

나는 마음 전문가다. 내 마음조차 제대로 건사하지 못하지만 내 직업이 사람의 마음을 돌보는 일이기에 강의를 하든 상담을 하든, 소중하고 매우 예리하게 마음을 접한다. 그런 신중함은 마치 악기의 줄과 같아서 현을 타는 기분이다. 글을 쓸 적에도 마찬가지다. 구태의연한 글을 가장 싫어한다. 그런 글은 세상에 넘치고 넘친다. 진심과 마음이 담긴 글, 감정의 현을 타는 글만이 사람들 가슴에 와 닿는다 믿기 때문이다.

얼마 전 오랜만에 먼 곳에서 농사짓던 제자가 다섯 살 딸아이를 데리고 내 연구소를 방문하였다. 그래서 아이에게 기념 사진을 찍어달라고 했더니 정말 잘 찍어주어 놀랐고, 그래서 많이 칭찬해 주었다. 아이는 연구소를 나가기 전까지 사진 이야기를 하며 웃었다. 아빠 이외의 어른에게 그런 칭찬을 처음 들어봤을 것이다. 그리고 앞으로도 사진에 관한한 자신감을 갖게 될 것이다.

사람은 정말 작은 것에 목숨을 거는 섬세한 존재들이다. 그런데 그 섬세함이 짓밟혀진 채 삶을 버텨왔으니 얼마나 감정의 고통이 크겠는가. 살아갈수록 말 한 마디의 힘이 얼마나 위대한지 자각할 뿐이다. 사람이 말을 하는 이유는 정보 전달만이 아니라 공감받기 위해서이다. 그래서 공감하는 말을 단 한 마디만 제대로 들으면 하루를 잘 보내고 있다고 감탄하게 된다. 그런 공감, 인정, 칭찬이 가장 많아야 할 가정이 인색한 마른 우물이 되었다. 그래서 다들 갈급하고 목이 마르다.

나는 내 인생의 어느 시점에서부터 절대로 누군가를 비난하지 않기로 했다. 나에게 엄청난 배신을 준 사람은 나 자신의 정신건강을 위해 비난을 하였으나 그것도 어느 순간 그만두었다. 나의 대화는 언제나 비난이 아니라 경청과 수용, 그리고 공감과 유머를 잊지 않으려 애써왔다. 상담 시간에는 무의식적 해석이 뒤따른다. 그런 해석이 내담자의 콤플렉스를 자유롭게 흐르게 하기 때문이다.

자고 일어나면 그리고 누군가를 만나면 부드럽게 웃어주며 칭찬해 주자. 어린 아이들이 인사하면 반드시 크게 웃어주고 눈을 바라봐 주자. 그 아이 인생에 잊을 수 없는 순간이 될 수도 있을 테니.

잠시 살다 가는 세상이라고 말을 하면서 추억보다 원망을 더 많이 쏟아내는 것 같다. 영원히 감사하면 영원한 추억만 남는다. 내 가슴에서 심장의 온도는 늘 따뜻할 것이다. 그 체온만큼 내 마음도 그래 주길 바란다.

## 05

# 자존감 vs. 자존심

　자존감(self esteem)과 자존심(pride)은 한 글자 차지만, 이 두 단어가 갖는 뉘앙스는 상이하기만 하다. 자존감이 높은 사람은 자존심을 내세우지 않는다. 자존심이 강한 사람은 사소한 일에 자존심을 들이밀지만 그런 사람의 자존감은 알고 보면 무척 낮거나 부정적이다.

　자존감이 있는 사람은 자기 삶과 존재에 여유가 있는 사람이다. 자존심만 있는 사람에게 그런 여유는 찾아보기 힘들다. 그러니 늘 예민해 있고, 그런 예민한 상태에서 누군가가 작은 거절이나 상처 비슷한 말이나 행동을 하면 자기를 무시한다고 생각하며 화를 낸다. 그래서 자존심 강한 사람과 같이 살거나 일하는 건 상당히 힘이 든다. 자존심 강한 사람에게 중요한 것은 행복이 아니라 옳고 그른 것이다. 옳고 그른 것이 매우 중요한 사람들은 자존심이 세다. 그들은 그냥 행복하지 않다. 자기가 옳아야 행복하다. 옳다는 인정이 누구보다 중요한 사람들이 자존심 센 사람들의 특징이다. 반면 자존감 높은 사람들은 옳고 그른 것보다 행복이 중요하다. 그렇다고 옳고 그름을 무시한다는 것은 아니다. 옳을 수도 있고, 틀릴 수도 있다고 생각하며 인생을 살아가기에 옳고 그른 것에 목매지 않는다. 옳다는 것은 중요하지만 한 번은 진지하게 생각해 볼 필요가 있다.

철학자 니체는 소칭 옳다고 하는 시대의 도덕에 대해 도덕이야말로 창녀라 혹평하였다. 윤리와 도덕은 다른 차원이다. 윤리는 시대가 달라져도 변함없는 규범을 말한다. 어느 시대건, 어느 나라건 사람을 죽이거나 괴롭혀선 안 된다는 전제가 있다. 이게 윤리다. 여자는 이렇게 해야 하고, 남자는 저렇게 해야 한다는 규범은 도덕이다. 도덕은 언제나 세월이 흐르면 변한다. 그래서 과거에는 옳았던 것이 현재에는 옳음의 권위를 상실하는 것이 도덕이기에 니체는 도덕은 창녀와 같다고 혹평한 것이다.

자존심이 강한 사람들은 자기의 자존심을 이 시대의 한정된 옳음에 집착하며 살아가고 있는 것이 아닌가 스스로 자문해 볼 필요가 있다. 그리고 반드시 어린 시절 모멸감이나 거절감과 같은 좌절의 상처, 분노의 상처가 있었는지 살펴보아야 한다. 가난하게 살아온 사람은 누군가가 자기에게 가난하다고 하면 그 감정이 폭발해 버린다. 그 내면에 칼 융이 말하는 콤플렉스가 형성된 것이다. 자존심이 세면 누군가에게 무시당하지 않도록 자기를 포장하거나 보호하겠지만 행복하지는 않다. 행복은 자존심에서 오지 않기 때문이다. 행복은 자존감에서 온다.

부부 상담을 할 때면, 내 앞에 와서도 여전히 싸우는 부부를 보곤 한다. 그럼 나는 한 가지를 묻는다.
"두 분은 옳은 게 중요하세요? 행복한 게 중요하세요?"
다들 행복이라고 답한다.
"그러면 옳은 것 좀 포기하세요."
"흥! 저 사람이 먼저 포기하면 나도 포기하죠."
그런데 사실 그 누구도 먼저 포기하는 법이 없고, 포기하려고 하지도 않는다. 그럼 다시 상담은 원점으로 돌아간다. 나는 그런 경험을 통해 생각하고 또 생각한다. 옳은 게 중요한가? 옳은 것도 행복을 위해 존재하는 것 아닌가? 그런데 가정의 가치는 행복이 먼저 아닌가.

사회처럼 법이 우선이고, 옳은 게 우선은 아닐 텐데 말이다.

  자존심을 지키는 것은 필요하지만, 아무 것도 없으니 자존심만 내세우는 것이다. 여유가 중요하다. 부부 사이도, 인간 관계도 여유가 중요하다. 그리고 여유는 내면이 치유된 자의 특징이다. 사람을 치유하는 여유, 그 여유가 우리의 상한 자존심을 제대로 세워주고 높여줄 것이다. 그러기 위해서 자존심을 내려놓고, 옳고 그르다는 유치한 발상을 접고, 고요한 자기반성과 자기성찰을 통해 자기를 마주해야 한다. 나는 왜 그렇게 옳은 게 중요했고, 나는 왜 그렇게 자존심이 강했는지 거울을 보며 자신에게 진지하게 물어볼 일이다.

## 06

## 당신이 고파

 현대 정신분석학으로 알려진 대상관계이론이나 자기심리학에서 자주 나오는 독특한 용어가 있다. 대상 허기(object hungry)다. 아래의 글은 『애착장애로서의 중독』이라는 책에 나오는 내용이다.

 "취약(마음의 핵심이라 할 수 있는 self의 상태가)한 개인들은 정서를 조절할 수 없으며, 많은 경우에는 자신이 느끼는 것이 무엇인지조차 모른다. 동원할 수 없는 내적 자원이 전혀 없기 때문에 '저기 바깥'에서 외부적으로 제공되는 자기 조절의 원천을 지속적으로 요구하는 대상 허기 상태에 놓이게 된다. 고통스럽고, 거절하고, 수치스러운 관계들이 자기 결함의 원인이므로 그들은 자신에게 필요하거나 아직 받아본 적이 없는 것을 얻기 위해서 다른 사람에게 의존하는 법을 모른다. 욕구 박탈과 대상 허기로 인해 이런 환자들은 비현실적이고 수용하기 어려운 정동 상태에 놓이게 되는데, 이러한 정동들은 타인에게 불편감을 주고 자기자신에게는 수치심을 준다. 물질 남용자들에게는 선택의 여지가 거의 없기 때문에 자기 조절을 위해서 알코올, 약물, 다른 외부적 원천(음식, 섹스, 일, 도박, 게임, 쇼핑 등)에 의존한다."

대상 허기는 사람이 고프다는 말이다. 사람을 만나고, 섹스를 하고, 관계를 맺어도 뭔가 부족하다. 채워지지 않는 미친 듯한 공허감과 블랙홀 같은 마음의 허전함이 갈증이 되어 대상 허기를 각인시킨다. 생지옥이다. 대상 허기라는 말을 좀더 쉽게 이해하고 싶다면 톰 행크스가 열연한 〈캐스트 어웨이〉를 보면 된다. 너무나 바쁘게 택배를 나르던 그가 비행기 추락으로 어느 무인도에 도착한다. 4년이라는 긴 시간을 사람 하나 못 보며 사람을 그리워하다가 해변에 떠밀려온 배구공에 사람 얼굴을 그린 후 윌슨이라고 이름을 붙인다. 미친 사람처럼 그 배구공과 대화하는 내용은 외로움을 절감한 사람들에게 깊이 공감되는 장면이다.

드디어 무인도를 떠나 뗏목을 타고 가다가 윌슨이 바다에 휩쓸려 사라질 적에 "윌~~슨~~~~" 하며 절규하던 그 모습에선 나도 모르게 눈물이 주르륵 흘렀다.

사람은 사람이 밉다. 그러나 사람이 미워 산에 올라 한 달을 혼자 살다 보면 다시 내려오게 된다. 사람이 그립기 때문이다. 모순이다. 그게 사람이다. 대상 허기란 우리가 아기였을 때 나를 돌봐 주었던 대상(일반적으로 엄마)을 의미한다. 그 대상의 품안에서 대상과 눈빛을 나누고, 대상의 따스함을 체험하고, 대상과 정서적 교감을 하고, 대상에게 민폐(대소변)를 주기도 하고, 대상의 도움으로 살아남고, 대상이 있음으로 기댈 수 있는 것을 말한다. 이게 대상관계요, 애착이다. 그런데 이 평범한 행복이 평범한 만족을 충분하게 체험하지 못하면 대상 허기가 발생한다.

우리의 몸에 위(胃)가 있듯이 우리의 마음에도 위가 있다. 위는 밥과 음식으로 채워주어야 만족하지만 우리 마음의 위는 따스한 정서로 채워야 만족한다. 나는 아내를 하나님께 보내고 5주기를 맞고 있다. 가장 힘든 시간은 잠들기 전과 새벽에 깰 때, 그리고 눈떴을 때의 적막감이다. 사이가 좋았든 나빴든 늘 같은 침대에서 체온을 느끼며 살다 대상이 사라진 것이다. 잘 버티다가 몸이 안 좋은 날은 고독이

쓰나미처럼 몰려온다. 그때가 가장 괴롭다. 대상 허기다. 나보다 더 힘든 사람이 있다. 어린 시절 대상 허기에 시달린 사람이다.

어미는 새끼에게 젖을 물릴 때 꼭 안아준다. 안아줄 적에 접촉이 일어난다. 안아줌은 휴대폰 충전과도 같다. 아무리 빨리 충전시킨다 해도 일정 시간은 휴대폰과 충전기가 연결되어야 한다. 배터리가 3이 남았다면 최소 10분은 충전이 되어야 하는데, 3분 충전을 하고 뺐다면 얼마 가지 않아 방전될 것이다. 내 존재가 방전될 것만 같은 절박한 감정이 바로 대상 허기다. 그 대상 허기를 못 견뎌 중독에 빠진다는 게 〈애착장애로서의 중독〉의 주된 요지 중 하나다. 중독은 느낄 때 짜릿하다. 문제는 잠시 후 더 큰 허무함과 허전함이 압도한다는 것이다. 그래서 목 마른 자가 바닷물을 마시면 계속 마시다 죽듯이 중독자도 그렇게 한다. 그렇다면 대상 허기를 채울 방법은 없을까? 있다. 하지만 인과법칙에 의해 그것 역시 과정(process)이 필요하다. 시간과 인내가 필요하다. 무엇보다 대상 허기를 채워줄 먹을거리가 필요하다. 대상이다. 그게 상담자일 수도 있고, 친한 사람일 수도 있다.

성서에 인간이라는 단어가 나오는데, 구약성서에서 인간을 묘사하는 단어 중 네페쉬라는 말이 자주 나온다. 네페쉬는 '목구멍'이라는 말이다. 인간을 지으신 하나님이 보기에 인간은 목구멍이다. 즉 사막 한가운데서 너무 목이 말라 헐떡거리는 자가 인간이라는 것이다. 인간은 참 이상하다. 아무리 채워진다고 해도 잉여감에서 나오는 허전함 때문에 허무함을 느껴 자살하는 존재이기 때문이다. 그래서 성경은 성령의 충만을 받으라고 한다. 하나님의 영으로 충만해야 마음이 평안해진다는 것이다.

신앙 없는 분들에게는 성령이 무엇인지 모르니 사랑으로 충만하고 신뢰감으로 충만하라는 말로 번역해도 된다. 다들 바쁜 세상에서 어떻게 사랑과 신뢰가 늘 충만만 할 수 있겠는가. 그래서 어린 시절에 부모로부터 받는 애착이 정말 중요하다. 어린 시절 대상 허기가 어느 정도 채워지면 성장한 이후에 대상 허기가 생겨도 절박할 정도로 고통스럽지는 않게 된다. 한 번 그 심리적 포만감을 경험해 보았으니 말이다. 그걸 꼭 체험해 봐야 한다.

어느 총각이 동네의 아리따운 처녀를 연모했다. 그러나 이를 표현할 길이 없었다. 그 처녀는 대감집 규수이고, 자신은 보잘것없는 평민 집안이니 만남조차 가능하지 않았다. 그러다 그는 상사병을 앓다 결국 죽고 말았다. 총각의 시신을 담은 상여가 그 집 앞을 지나가는데 갑자기 그 자리에 서버린 것이다. 상여 매는 자들의 발이 전혀 움직여지지 않는다고 하며 한 시간을 서 있었다. 그 규수댁의 어머니가 그 총각의 사연을 듣자마자 자기 딸의 속싸개(팬티)를 벗겨 그 관 위에 올려놓았더니 상여가 움직였다. 아마도 그 총각의 친구들은 그런 식으로라도 자기 친구의 한을 풀어주고 싶었을 것이다. 그 처녀의 속싸개가 관 위에 올려진 것만으로도 그토록 바라던 그녀와의 관계를 풀었다 여겨 상여는 움직였고, 장례를 치를 수 있었다는 이야기다.

그게 사람이다.

# 07

## 저항의 이유

    아버지가 싫은 아들이 있었다. 아버지의 '아'만 들어도 가슴이 뛰고 눈이 충혈될 정도였다. 전형적인 화병 증세였다. 아들은 대학에 갔다. 대학에서 교수를 만났는데 하필 그 교수가 아버지를 닮았다. 체형도 닮았고, 말투도 닮았고, 헛기침하는 것도 닮았다. 그러다 보니 그 교수가 싫었다. 그 교수가 아버지가 아닌 걸 잘 알면서도 아버지 같았다. 한 번은 그 교수와 화장실에서 소변을 같이 보는데 잘 나오던 오줌이 나오지 않았다. 그는 서둘러 화장실을 나왔고, 뭔가 들킨 기분이 들어 개운하지 않았다. 그때부터 슬슬 그 교수를 피하기 시작했다. 수업 중에 눈이라도 마주칠까봐 덩치 큰 아이 뒤에 숨어 앉았다. 아예 그 교수 강의 시간에는 출석만 체크하고 학교 PC방으로 도망가기도 했다. 그런데 그 다음 주에 강의실에 가 보니 아무도 없는 것이다. 알고 보니 지난주에 그 교수님이 외국에 세미나 참석차 휴강한다는 광고를 못 들은 것이다. 빈 강의실에 앉은 학생은 뭔지 모를 감정에 멍하니 휩쌓여 있었다.

정신분석에서 저항이라는 개념이 나온다. 저항의 원인은 무의식에서 변화를 거부하는 항상성(Homeostasis)이 올라온 것이다. 항상성은 항상 그래야 한다는 말이다. 우리 몸의 체온이 본능적으로 36.5도를 유지하려하듯 우리의 마음도 그러하다는 것이다. 나쁘고 싫어도 늘 비벼왔고, 반응해왔고, 적응해왔던 그 환경에서 조금도 벗어나지 않으려 하는 심리를 말한다. 불안한 환경을 겨우 자신에 맞게 개조하고 적응해왔기 때문이다.

그런데 새로운 자아가 만들어지려면 과거의 항상성에 물들은 낡은 자아를 해체해야 한다. 그런데 두렵고 낯선 일이다. 늘 반복해 온 무언가를 잃어버린다는 게 쉬운 일은 아니지 않은가. 모두 다 새로운 자아를 바라지만 그 새로운 자아는 새롭지만 낯선 것이다. 지금 내 얼굴이 아무리 마음에 들지 않아도 갑자기 내 얼굴을 배우처럼 만들어 놓으면 행복할까? 그건 공포스러울 것이다.

우리는 하나같이 보수적이다. 지독하게도 안 변하려 한다. 그래서 보수적인 사람일수록 안정감의 욕구가 지나치게 강조된다. 저항의 힘은 대단하다. 환골탈태라는 말이 가능한가 싶다. 그렇게 저항을 통해 무언가를 지키려 하면 지켜질 것이다. 하지만 문제는 슬픔이 남는다는 것과 뜻 모를 긴 한숨이 나온다는 것이다. 그래서 사람은 저항하다 변화를 택하는 것이 아니라, 저항하다 죽기를 원한다. 이대로 죽어버리길 바란다는 것이다. 어찌 보면 그게 마지막 저항의 모습인지도 모른다.

이 지독한 저항을 깨는 것이 신뢰다. 신뢰의 힘은 대단하다. 그것은 지옥을 천국으로 변화시키는 엄청난 능력이다. 그런데 그 신뢰를 쌓고 그 신뢰를 다지기가 얼마나 힘든지 아는가. 주인에게 버림받은 개는 새 주인이 아무리 사랑을 주어도 한 번 버려진 상처 때문에 여전히 눈치를 본다. 개도 이런데 사람은 더 말할 것도 없다. 상담을 하다 보면 부모에게 버림받은 이들을 종종 본다. 이들은 부모를 찾아 왜 자기를 버렸는지 이유를 묻고 싶다며 울분을 터뜨리곤 한다.

사람은 슬픈 존재다. 사람 노릇하며 살아가는 게 참 힘들다. 그래서 누군가 세상을 가리켜 슬픔에 찌들대로 찌들어버린 곳이라고 했다. 너무 비관적인데 맞는 말이다.

저항은 내가 만든 드라마다. 내가 만들었다. 내가 각본을 쓰고, 내가 감독하고, 내가 주연 조연 악역 다 하면서 만든 것이다. 드라마는 변화가 있어야 재미있다. 그런 변화를 가능케 하는 게 신뢰의 힘이다. 그래야 슬픔이 가신다. 그래야 희미하게나마 희망이 움튼다. 모든 사람은 자기가 만든 드라마에 취해 산다. 그 드라마를 바꿀 때가 되었다면 금년으로 막을 내리자. 그리고 신뢰에 바탕을 둔 새로운 드라마를 시작하자. 시즌2를 말이다. 그리고 제목을 〈저항의 이유〉라고 하자. 후회만 남기지 말고 애도의 눈물 자국을 남기자.

저항은 애도로 끝을 맺어야 한다. 흐르는 눈물이 닦여야 새로운 세상이 열린다. 내 내면에 또 다른 각본, 또 다른 드라마가 시작될 수 있다는 사실에 스스로 자위하며 감탄한다면 치유가 별건가!

# 08

# 희망은
# 어디서 오는가

빅터 프랭클은 의미요법의 창시자다. 그보다 그를 더 유명하게 만든 것은 바로 『죽음의 수용소에서』라는 책이다. 20세기 명저 중 한 권으로 소개할 만한 책이다. 아내와 부모를 수용소에서 잃고, 본인은 처참한 노동환경에서 착취를 당하면서도 끝까지 살아남아 인간이 무엇인지를 웅변한 인물이 바로 프랭클이다. 전 세계적으로 가장 많은 명예박사 학위를 받을 만큼 그의 글과 강연에는 사람의 마음을 움직이는 호소력이 가득했다. 프랭클은 수용소에서 분명한 걸 봤다. 희망이다. 희망이 있는 수감자와 희망을 잃은 수감자는 눈빛과 행동이 달랐다.

누군가가 12월 25일에 유대인을 풀어준다는 소문을 냈다. 그 소문을 들은 수용소 내의 유대인들은 비참한 환경에서도 나갈 것이라는 희망으로 12월 25일 전까지 열심히 일했으며, 보통의 할당량 이상을 채웠다. 그러나 그 소식이 거짓으로 알려지면서 12월 31일까지 아침만 되면 이유없이 죽어나간 사람들이 셀 수 없이 많았다고 한다. 즉, 희망을 잃으니 이유없이 죽어버리더라는 것이다. 그러나 마음에 희망을 가지고 있던 사람들은 12월 31일이 지나도 살아있었다고 한다. 프랭클이 몇 사람에게 물어보았다고 한다.

"선생은 왜 지친 모습이 안 보이시죠?"

"아, 저는 이발사예요. 반드시 여기를 나가서 모차르트 음악을 틀어놓고 손님의 머리를 자를 겁니다."

"저는 사랑하는 루이스가 있어요. 그녀와 반드시 만나 결혼을 하고 아이를 낳고 행복한 가정을 만들고 말 것입니다."

"저는 화가입니다. 이곳은 끔찍하지만 노을을 보면 너무 아름다워요. 나가서 꼭 화폭에 노을을 멋지게 그려 볼 생각이에요."

수용소에 갇힌 그들의 마음 안의 희망은 나치도 빼앗아 갈 수 없었다는 이야기다. 삶이 아무리 고되고 힘들어도 자신만의 삶의 의미를 찾을 수 있다면 희망은 바로 거기에서 찾을 수 있는 것 아닐까.

영국의 소아정신과 의사이며 대상관계학파의 1세대인 도널드 위니캇은 "사람은 태어날 때부터 지문이 모두 다르듯 각자마다 독특한 창조성을 갖고 세상에 태어난다"고 말했다. 창조성이라는 말이 거창하게 들린다면 이를 상상력이라 바꿔 불러도 좋다.

상상력이 부족한 부모는 아이를 이해하지 못하고, 자기네들이 하던 대로 아이를 그 틀에 맞추려고 한다. 상상력이 부재한 사령관은 자기 부하들을 적진에서 몰살시킨다. 상상력이 부족한 교사들은 아이들의 엉뚱한 질문을 견디지 못한다. 하던 대로만 하라고 할 뿐이다. 질문다운 질문을 하라고 다그친다. 상상력이 부족한 목사들은 지루함으로 교인들을 압도한다. 그래서 멍 때리기와 졸음, 잡생각이 그 귀한 시간을 채우도록 만든다. 상상력이 없는 여자와 남자가 사는 건 더운 날 김 빠진 콜라를 마시는 기분이다. 상상력이 없는 직장 상사를 만나면 융통성이 1도 없어서 내가 마치 그 회사의 노예살이를 하는 것 같은 기분이 든다. 상상력이 없는 정치인 밑에서 사는 국민들은 하루하루가 불통의 지옥에서 사는 것 같다. 왜 상상력이 없을까? 그들은 애초에 아무런 기대도 없었기 때문이다. 그리고 모든 게 늘 해왔듯이 저절로 돌아간다고 전제하기 때문이다. 심리학으로 보면 상호성 부재다. 일방성만 가득하다.

사람은 기계가 아니다. 어제 그 사람이 오늘 그 사람이지만 어제와 오늘 사이에 어떤 일이나 무언가가 그 사람을 다르게 만들어 놓았을 수도 있다. 상담을 할 때 첫 만남에 "한 주 잘 지내셨죠?"라고 묻기 전에 "한 주 어떠셨어요?"라고 묻는 게 그런 일방성을 벗어날 수 있는 작은 대안일 것이다.

지금 우리가 눈으로 보는 모든 것은 상상의 결과물이다. 지금 내가 사용하는 이 컴퓨터도, 인터넷이나 게임도 모두 다 누군가의 머릿속에 있던 상상이 현실로 변한 것이다. AI(인공지능)가 인간보다 더 많은 지식을 소유하는 시기를 특이점(singularity)이라 부른다. 그 특이점이 얼마 남지 않았다고 한다. 그리고 특이점을 넘어서는 순간부터 인간은 절대로 AI를 넘어설 수 없는 일들이 벌어진다고 한다. 인간이 인공지능을 능가할 수 있을까? 인간이 만든 인공지능을 인간이 넘어설 수 있을지 이 모순된 현실이 문득 두렵기도 하다.

분명한 것은 인간이 인간일 수 있는 이유 중 하나가 바로 상상할 수 있다는 것이다. 인본주의 심리학자 애브러험 매슬로에 의하면 건강한 인격의 사람일수록 사소한 것에 감탄하며 경탄한다고 한다. '아! 오! 와!'와 같은 감탄을 하루에 수십 번 하는 사람은 그렇지 않은 사람보다 분명 더 창의적이다. 불교의 윤회론에선 사람이 사람된다는 것은 정말 힘든 일이다. 그게 사실이든 그렇지 않든 인간이 인간이 되는 것은 절대 뻔한 일이 아니라는 것이다. 하나님께선 인간을 하나님 형상으로 만드셨다고 하셨다. 인간이 된다는 건 감격이다. 그러니 그런 인간이 상상력, 창조성 없이 살아간다는 것은 창조주에 대한 모독이다.

희망은 계시로 온다. 그러나 내 마음 안에도 희망을 불러일으킬 수 있다. 그 희망이 우리 모두에게 아름다움으로 경험되길 상상해보자. 상상은 자유다. 그리고 그 자유는 우리의 삶을 지금보다 더 풍요롭게 하는 자극이다.

# 하나님을 오해하는 것들

5

## 01

## 그녀에게
## 하나님의 뜻은 무엇일까

그녀는 깊은 신앙심을 지닌 아내였다. 25세에 친척의 소개로 만난 지금의 남편과 25년을 살았다. 그녀는 발랄한 성격과 서글서글한 인상, 공감적인 말투로 주변 사람들은 항상 그녀 곁에 있고 싶어했다. 그런데 생전 처음 선이라는 것을 본 자리에서 세 살 위인 지금의 남편이 자기를 보자마자 울면서 이렇게 말했다.

"저는 가진 것도, 학벌도, 재능도 없는 부족하디 부족한 인간입니다. 저랑 결혼해 주시면 평생 소중히 모시고 살고 싶습니다."

그녀는 첫 만남에 그런 말을 듣고 충격을 받았다. 하지만 그 남자의 고백에 이 남자를 돕고 싶다는 마음이 발동하였다. 그 마음이 그녀의 운명을 바꿔 놓을 줄도 모르면서 말이다. 그녀는 마음속으로 이런 결심을 했다.

'뭔가 사연이 있는 남자로구나. 내가 이 남자를 도와 아름다운 가정을 만들어봐야겠다.'

이런 여자를 일컬어 평강공주 콤플렉스에 빠졌다고 한다. 바보 온달을 한 나라의 위대한 장수로 만든 그 평강공주처럼 자신도 남자를 그렇게 도와 큰 사람을 만들어보겠노라고 다짐한다. 그러나 내가 아는 한 온달을 제외한 나머지 남자들은 바보 온달에서 장수 온달이 되는 것이 아니라 그냥 '바보' 수준에서 평생을 산다.

그런 걸 알 리 없는 이 순진한 25세 아가씨는 그 남자와 만난 지 한 달 만에 "오빠 믿지"라는 멘트를 들어보긴 했는지, 그 오빠와 잠자리를 하였고 첫 관계로 지금의 큰아이를 임신하게 되었다. 지금과는 달리 그 당시에는 그런 일이 있으면 무조건 결혼을 해야만 하는 시대였다. 여자의 부모는 반대할 겨를도 없이 딸아이의 임신 소식이 주위에 알려질까봐 만난 지 6개월 만에 결혼식을 치뤘다. 그리고 여자의 말에 의하면 고난의 시기가 시작되었다.

남편은 지독한 강박증을 가진 환자였다. 그는 평생 직업 없이 살아왔다. 이유는 집에 작은 먼지라도 있으면 몇 시간씩 청소를 하느라

집 밖으로 나가 알할 수 없었기 때문이다. 처음에는 그저 성격이 참 깔끔한가 보다 생각했지만 그게 아니었다. 하루에도 아침 저녁으로 한 시간을 씻는다. 그러니 딸아이가 음식을 먹으면서 무언가라도 흘리면 엄청 화를 내고, 음식이 떨어진 자리를 휴지 한 통을 다 써가며 닦아댔다. 언젠가 아이가 바닥에 떨어진 음식을 주워 먹는 것을 보고 당장 병원에 데려가서 위 세척을 시켜야 한다느니 난리법석을 떨었다. 그러다 보니 누가 오는 것도 싫어했고, 친구가 많은 아내에 비해 단 한 명의 친구도 그에게 전화하는 걸 본 적이 없었다. 아내는 자신이 중증 환자와 결혼했다는 사실을 깨닫기 시작했다.

다행히 아내는 대학 행정실에서 근무하였는데, 50이 넘도록 직업이 없는 남편을 대신해 가장 노릇을 하고 있다. 그런데 아내는 요즘 너무 괴롭다. 25년 동안 집 청소를 하던 사람이 갑자기 청소도 하지 않고, 바닥에 무엇인가가 떨어져 있어도 무기력하게 티비만 보고 있는 것이다. 그래서 어느 날은 "여보, 당신 좀 달라진 거 같아요. 바닥에 아까 먹던 라면 국물이 튄 거 같은데 안 닦아도 돼요?"라고 말했다가 엄청난 봉변을 당하고 말았다.

"뭐? 당신 눈에는 내가 청소부로만 보이나? 앙? 그게 보이면 당신이 닦으면 그만이지, 왜 나보고 닦으라 마라 지랄이야?"

한 번도 그런 모습을 본 적이 없는 아내는 심장이 떨릴 정도로 놀랐다. 문제는 그 일 이후에도 사소한 일로 남편의 언성이 높아지고, 아이가 보는 앞에서 아내에게 폭력을 일삼기 시작했다.

남편의 강박성 증세로 인해 아이와 아내는 숨 한 번 크게 쉬지 못하고 살았다. 자신들도 옷에 먼지라도 묻으면 심장이 뛰고 몇 십 번을 털면서 강박증이 심한 남편처럼 되는 건 아닐까 두려움이 밀려왔다. 문제는 아이였다. 아이가 점점 웃음을 잃어가는 것이었다. 그럴 수밖에 없었다. 친구 한 번 마음 놓고 데려올 수 없었기 때문이다.

아내는 그동안 벌어놓은 돈까지 남편이 사업을 한답시고 날려먹는 것을 지켜봐야만 했다. 남편은 사업으로라도 돈을 벌어보겠다고 노력했지만, 사업이라는 것도 결국 인간관계 속에서 이뤄지기에 인간관계를 못하는 남편은 사업을 시작하자마자 고객과 싸우는 일이 잦았다. 결국 사업 한 번 제대로 해보지 못하고 아내가 벌어둔 돈을 모두 다 털리고 말았다. 그래도 아내는 참았다. 이혼하라는 주위의 수많은 권유에도 '아이를 생각하여 좀더 참으면 되겠지'라는 마음으로 25년을 참고 살았다. 특히 신앙인으로서 절대 이혼하면 안 된다고 생각했다. 하지만 아이가 보는 앞에서 자기의 목을 조르고 폭언을 하고 폭행을 하는 남편의 살기어린 눈을 보면서 이혼을 결심했다.

그러던 그녀가 상담실 문을 두드렸다. 나는 그녀가 살아온 이야기를 그저 묵묵히 듣고 있었다. 그러다 자신이 하나님께 25년을 기도한 것 같은데 하나님의 뜻이 무엇인지 묻고 또 물었다고 했다. 그럼에도 하나님은 응답이 없으셨다고 했다. 직설법으로 말했다.

"왜 이혼하지 않았어요?"

"생각을 안 해본 게 아니죠. 수 백 번도 더 했죠. 그러나 제가 믿는 사람이잖아요. 그리고 어느 날 기독교 티비를 보니 목사님이 이혼은 절대 안 된다고 하시더라고요. 차라리 죽으면 죽었지 이혼만은 하지 말라는 설교를 하는데 '그래 맞아. 나도 이혼녀라는 소리를 들어선 안 되지. 그래도 기도하며 주님의 뜻을 물어야지'라고 생각했어요."

이런 소리를 들으면 난 순간 머리가 돈다. 사도 바울도 분명 어느 상황에선 남녀가 이혼할 수 있다고 했거늘, 이혼을 하고 안 하고를 하나님의 뜻이라고 운운할 수 없는데, 그런 말을 설교 중에 하나님의 말씀인양 주장한다는 게 도대체 상식이 있나 싶었다.

내가 물었다.

"○○님, 25년이라는 그 긴 시간 동안 기도하셨는데 응답이 왜 없을까요?"

"글쎄요. 기도가 부족하거나 하나님의 숨으신 뜻이⋯⋯."

말을 다 듣기도 전에 내가 이야기했다.

"이미 응답을 주셨는데, 왜 모르세요?"

"네? 무슨 응답이요?"

"이미 응답을 주신 거예요. 안 주신 게 아니라, ○○님이 결정하라고요. 무엇을 결정하거나 선택해도 죄가 아니에요. 그리고 그 일로 하나님이 당신을 향한 사랑이 철회되거나 그러지도 않을 것이니 염려 마세요. 정말 하고 싶은 걸 하세요."

물론 그런 말을 했다고 25년을 버텨온 그녀가 당장 남편과 이혼을 할 사람은 아니었지만 나는 지나치게 하나님의 뜻만 추구하다 탈진해 버린 그녀에게 이제는 그만 뜻 묻고 당신의 뜻대로 살라고 말하였다. 물론 결코 쉬운 일은 아닐 것이다. 늘 착하고, 인정이 많고, 나 하나 참고 죽으면 된다고 생각하고 살아온 그녀 아니던가. 알고 보니 자기 어머니가 그런 삶을 사셨다고 했다.

자기가 무언가를 결정할 수는 있으나 그 결과로 책임을 져야만 하는데 아직 그녀는 책임을 질 만큼 건강한 자아를 갖지를 못했다.

우리는 하나님의 뜻을 찾는데, 인생을 어느 정도 살아 보니 하나님은 이미 우리에게 뜻을 전가하신 것 같다는 생각을 한다. 우리 스스로가 어떤 결정을 해도 하나님은 내가 정한 뜻을 당신이 정한 것 같이 축복하시고 때론 안타까워 하신다는 것이다. 그런데 우리는 그런 사실을 알지도 못한 채 계속 하나님의 뜻만 찾고 있다. 그리고 교회 역시 사람의 뜻은 다 무용하다고만 가르친다. 이 얼마나 모순적인 이야기이며, 이중 메시지 같은 말인가. 어느 목사는 예배가 끝나면 헌금통을 헌금 위원들에게 맡기지 않고 큼지막한 카펫에 쏟는다고 한다. 그리고 "하나님, 이 헌금을 당신께 드리나이다. 이제 받으시옵소서!"라면서 카펫 양쪽을 잡고 헌금을 공중에 휙 던진다고 한다. 그런 후 바닥과 카펫에 떨어진 돈을 주으면서 이렇게 기도한다고 한다.

"주님, 제게 물질을 주셔서 감사하나이다."

종교 개혁자 마르틴 루터는 이렇게 말했다.

"신앙이란 100% 하나님이 행하시는 것이다. 그리고 100% 사람이 행하는 것이다. 다시 강조한다. 신앙이란 100% 사람이 하는 것이다. 그리고 100% 하나님이 행하시는 것이다."

이게 무슨 말인가? 결국 신앙이란 100% 하나님이 행하시지만 100% 사람을 통해 일하신다는 사실이다. 사람이 다 하지만 "내가 다 했다"고 말하지 말고 "하나님이 다 행하셨다"라고 고백해야 한다. 하나님의 뜻을 순전한 마음으로 열심히 구했다면, 이제는 스스로에게 물어보라.

"나의 뜻은 정말 무엇일까?"

단 한 번이라도 좋으니 그 뜻대로 행해보길 바란다. 실패했다면 다 하나님의 뜻이 아니어서 이렇게 되었다고 자책하지 말아라. 이럴 수도 있고, 좋은 경험했고, 잘 배웠다고 말하면 그만이다.

　기독교는 모든 것을 '인샬라'라고 읊조리는 이슬람이 아니며, 모든 것은 운명이라 탓하는 운명론도 아니다. 하나님의 뜻을 부지런히 묻되 응답이 없으면 '내게 허락하신 분량이구나'라고 생각하며 내가 행하면 되는 것이다. 거기에 다른 이유를 붙일 필요가 없다. 사람과 사람 사이에서 벌어지는 일에 대해서 지나치게 하나님의 뜻만 묻지 않길 바란다. 왜냐하면 하나님 보시기에도 결국 사람과 사람 사이에서 벌어지는 일은 사람이 스스로 해결해야 할 이유가 많기 때문이다. 사람이 어찌할 수 없는 일이야 하나님이 나서서 행해주시지만 사람이 할 수 있는 일조차 하나님을 찾는다면 그 하나님을 오히려 난처하게 만드는 일 아닌가!
　기독교가 그간 순종만을 강조하고, 삶의 용기와 선택을 가르치지 않은 결과다. 그것도 하나님의 뜻이라 말할 수 있는가?

## 02

## 기도에 관한
## 열다섯 가지 묵상

동물은 기도를 하지 못한다. 기도는 인간이 하는 것이다. 고로 인간은 동물에게는 없는 기관이 존재한다. 보이지 않지만 분명히 존재하는 심리적 중심(self)처럼 말이다. 그게 바로 영(靈, spirit)이다. 인간은 분명 영적인 존재다. 영적이라는 말에서 영의 근원은 영 자체이신 하나님이다. 자연이 아니고 우주도 아니다. 그것은 하나님이 만드신 피조 세계일 뿐이다. 신이면서도 인격을 갖고 계시며, 그 인격을 인간에게 부여하신 마음을 지으신 하나님이다.

에덴동산에 기도는 필요치 않았다. 대화가 필요했다. 그러나 인간은 죄악으로 인해 하나님과 대화할 길이 막혔다. 그래서 인간은 자신을 낮춰 고개를 숙이며 기도를 해왔다. 죄로 물든 인간에게 필요한 것은 경외심이었지 다정함이 아니었다. 하나님이 다정한 순간 인간은 하나님 위에 있으려 했기 때문이다. 인간은 기도를 통해 자신을 안다. 기도할 때 우리는 존재의 신앙 고백을 한다. 평생 신자로 살아오면서 기도에 관한 것을 정리해 보았다.

첫 번째, 기도의 행위는 '나는 피조물'이라는 고백이다. 나는 창조주가 아니며, 피조물이다. 고로 나는 유한하다. 기도할 때 자주 고백하는 "저는 죄인입니다"라는 말은 죄를 지어서 죄인이라는 말도 있지만 인간 자체의 유한성을 고백하는 피조물의 진솔한 고백인 것이다.

두 번째, 기도는 갈망하는 것이다. 이건 내가 가진 삶의 실존적 결핍을 전제로 한다. 물질이 없든, 정서적인 것이 결여되었든, 일이 벌어져 당장 해결해야 할 일이 생겼든, 중요한 것은 우리 모두에게 구원자가 필요하며 해결사가 필요하다는 것이다.

세 번째, 기도는 나를 돌아보게 한다. 내 수준, 내 한계, 내 문제, 내 밑바닥을 돌아보게 한다. 그래서 기도가 이끄는 지점은 항상 정직함(honesty)이다. 그래서 영적이라는 말의 의미는 하나님과의 관계성이 첫째요, 둘째가 바로 정직함이다. 그래서 하나님은 위선자와 위선적인 기도를 가장 싫어하신다. 자기를 속이는 행위이기 때문이다. 시편을 보라. 원수의 얼굴을 무자비하게 때리라는 기도가 나오기도 한다. 기도를 정직하게 하다 보면 자신의 내면 깊은 곳의 공격성(primary aggression)을 마주하게 된다.

네 번째, 기도는 갈망을 통해 내 내면에 정말 바라는 것이 무엇인지, 그 원하는 것을 선명하게 보여준다. 그래서 애매모호, 혼란, 흐지부지, 안갯속을 걷는 듯한 삶이 아니라 선명하게 나의 지향성이 무엇인지 보여주는 행위이다.

다섯 번째, 성서에 보면 기도의 행위는 늘 부르짖음으로 드러난다. 큰 소리로 부르짖어 하나님을 찾고, 하나님께 도움을 요청했다는 것이다. 하나님 역시 "부르짖으라"고 말씀하신다. 그 이유 중 하나는 기도하는 자의 마음은 늘 눌려 있기 때문이다. 그러나 부르짖게 되면 가슴이 열리고, 목소리가 열리고, 영이 열려서 담대함을 얻게 된다. 하나님은 부르짖는 자의 가슴에 담대함을 선물로 주신다. 그리고 응답을 덤으로 주신다.

여섯 번째, 기도는 내가 기도를 잘하여 응답받는 게 아니다. 예수 그리스도의 이름으로 구하기에 응답을 받는 것이다. 성서에서 사도 바울은 쉬지 말고 기도하라고 하였으나 쉬지 않고 기도하는 자는 단 하나도 없다. 그러나 로마서 8장에 의하면 쉬지 않고 기도하는 분은 바로 하나님의 영, 성령이시다. '이와 같이 성령도 우리 연약함을 도

우시나니 우리가 마땅히 빌 바를 알지 못하나 오직 성령이 말할 수 없는 탄식으로 우리를 위하여 친히 간구하시느니라'. 〈누군가 널 위하여 기도하네〉라는 찬양의 누군가는 바로 하나님의 영, 성령이시다.

일곱 번째, 우리는 수준대로 구한다. 아이는 초콜릿 하나를 구한다. 어른은 로또 당첨을 구한다. 성자는 자신이 죄인임을 깨닫고 회개하는 기도를 드린다. 기도는 자기 수준을 벗어나지 못한다.

여덟 번째, 성서에서 가장 위대하고 아름다운 기도는 예수 그리스도가 친히 가르쳐주신 주기도문이다. 주기도문은 주문이 아니라, 한 마디 한 마디에 깊은 영적 의미가 스며있는 기도문이다.

아홉 번째, 하나님의 별명은 '은밀히'이다. 우리의 기도를 안 듣는 것 같으시나 모두 다 들으시며 소중히 들으신다. 하나님은 당신을 향한 인간의 리비도(Libido)가 담긴 기도를 모두 다 들으신다.

열 번째, 기도는 응답을 받는 경우도 있고, 응답이 매우 늦어지는 경우도 있고, 내가 죽은 후에 이루어지는 응답이 있고, 응답 자체가 없는 기도도 있다. 나를 키워주신 외할머님은 40년간 새벽기도를 다니셨고, 기도시간에 불신자 남편을 위해 기도했지만 살아생전 기도응답은 없었다. 외할아버님께서는 나중에 이모님의 강권으로 예수를 영접한다고 고백한 후 세상을 떠나셨다. 할머님의 40년 기도가 돌아가신 이후에 응답되는 것을 보았다.

열한 번째, 기도해도 응답이 없다면 하나님이 안 주신 게 아니라 이미 주신 것일 수도 있다. 결정을 본인이 하라고 말이다. 그러나 우리는 계속 기도단 한다. 믿음이 좋아서가 아니라 결정을 내가 하면 책임을 져야 하니 말이다. 결국 책임적 자아가 결여된 사람은 계속 기도만 한다. 기도가 기도가 아니라 자기 도피인 셈이다.

열두 번째, 깊은 기도의 세계에 들어가면 나는 없는 듯 '그분'만 계신다. 즉 기도는 전인적이며 영혼의 일치를 불러일으킨다. 신비주의에서 이를 연합(union)이라 부른다.

열세 번째, 개인의 기도도 훌륭하지만 두세 명 이상이 모인 집단의 기도는 엄청난 시너지 효과가 있다. 중보기도와 소리를 내어 같이 하는 통성기도도 대단한 힘이 있다.(광화문 광장에서 보는 그런 기도회는 제외한다. 그건 종교를 정치로 이용한 행위다.)

열네 번째, 기도할 때 방언이 나오는 경우가 있는데, 방언은 영적인 옹알이와 같다. 그러나 방언을 못하는 사람이라도 "주여~"라는 외마디 혹은 "주님 아시지요" 하는 한 마디에 더 깊은 울림이 있다.

열다섯 번째, 기도라는 아이디어는 하나님이 만드셨다. 사람이 만든 게 아니다. 기도의 신비는 내가 하는 기도를 맨 먼저 내가 듣는다는 것이다. 기도는 자기 조명이며 자기 반성이그 자기 울림이다. 기도하는 자의 파동은 반드시 영이신 하나님에게 전달된다.

과거를 생각해 보라. 기도가 응답되지 않아 서운했지만 응답되지 않아 더 좋은 일도 많았을 것이다. 그래서 모든 기도는 내 뜻이 아니라 하나님의 뜻이 이루어지는 장(場)이 되어야 한다.

# 03

# 가장
# 큰 어르신 하나님

무신론자의 비극은 감사하고 싶을 때 감사할 대상이 부재하다는 말이 있다. 어느 그리스도인은 '무신론자가 믿지 않는, 믿을 수 없는 하나님은 나도 믿지 않는다'라는 말도 있다.

세상에 수많은 신들이 있다지만 나에게는 성서에 계시되고 예수 그리스도가 소개해주신 하나님만 참 신이다. 이 글을 읽자마자 "이 사람, 열린 사람인 줄 알았는데 참 배타적이군"이라고 말할 분들도 있을 테지만 논박을 위해 쓰는 글이 아니다. "ㄴ에게 남자는 많지만 이 사람만 제 남자예요"라고 말하는 어느 여자의 고백과도 같은 말이니 말이다.

하나님은 이 세상의 가장 큰 어르신이다. 뿐만 아니라 이 우주에서 가장 크신 어르신이다. 하나님은 인간보다 먼저 있던 도(道, Tao)를 계획하신 분이고, 우주의 관리자이며 우주와 자연으로 자신의 몸을 삼으시며 이 모든 것을 초월해 계신 분이다. 요즘 무신론은 결국 하나님이라는 건 없고, 인간이 만든 개념이라는 주장을 하지만 묻고 싶다. 인간이 우주의 끝에 가 보았으며, 이 우주와 자연의 원리에 기여한 게 1이라도 있는지 말이다. 하나 있긴 하다. 지구 온난화에 기여한 건 맞다.

인류는 이 지구상에 존재한 이후로 가장 극적인 변화를 겪는 중이다. 인공지능이 사람의 지능을 앞선다는 특이점이 코 앞에 왔고, 인간이 지구를 넘어 달이니 화성이니 저 우주를 탐험한다는 말이 조금씩 실제가 되고 있다. 어느 역사에도 이런 일은 전무했다. 과학과 기술이 인류의 자의식을 놀랍도록 변화시키고 있다. 수많은 영화와 드라마 역시 우리 인간들의 자의식을 근본적으로 바꾸는 데 일조하고 있다. 다양성은 극대화되고 선택할 건 점점 더 많아지는 세상이지만 우리는 뭔지 모를 공허함을 느끼고 있다. 그건 아무리 과학 기술이 발달한다고 해도 인간의 근본 문제인 생로병사의 문제를 인간이 벗어날 수 없기 때문이다.

분명 100세 시대가 된 듯하다. 그러나 과거에 비해 20~30년 더 살 뿐 그 이후는 죽는다. 노화를 늦출 뿐 노화를 막을 순 없다. 인간은 살기 좋은 지구에서 떠나야 한다. 그러니 죽음을 좋아할 사람은 하나도 없다. 그러나 죽음조차 인간이 통제할 수 있다면 인간의 오만한 자의식은 우주까지 황폐하게 할 것이다.

나는 코로나 팬데믹으로 멘붕에 빠진 온 인류가 우리 인간의 삶과 역사를 근본적으로 돌아보는 계기가 되길 바란다. 신앙에 비대면이 어디 있었나? 이건 순교조차 할 수 없게 만든 기이한 사건이 아닐 수 없다. 그러나 비대면 시대이기에 대충 눈속임으로 신앙생활을 해도 되겠지만 그럴수록 내 마음의 진심은 나에게 묻는다. '나는 하나님을 정말 믿는가? 하나님은 정말 계신가?' 이런 실존적 질문이 우리의 마음을 짓누른다.

우리 시대는 본질을 묻는 시대가 되었다. 신앙의 본질이 무엇이고, 삶의 본질이 무엇이고, 정치나 국가의 본질이 무엇이고, 나의 본질은 무엇인지 말이다. 비온이라는 정신분석가는 인간에게는 진실을 알려는 본능이 있다고 했는데 그 말처럼 인간은 자신의 실존의 비밀을 알고 싶은 욕구가 있다.

우리가 보는 모든 영화나 드라마는 배경이 있다. 배경이 없는 드라마와 영화는 없다. 우리 인생들에게 그 배경은 하나님이라는 큰 어르신이다. 그러니 그 분이 있다 없다 교만히 판단하지 말자. 그 분은 그 분의 방식대로 계신 것이고, 우리에게 영향을 주고 계신다. 그 분이 보니 인간은 누구나 예수 그리스도를 통해 구원을 받아야 하겠기에 인류에게 복음을 주신 것이다. 굳이 이스라엘 역사를 몰라도 된다. 오직 하나! 하나님이 세상을 이처럼 사랑하셔서 당신의 독생자 예수를 우리 인생들에게 구원의 선물로 주셨다는 이 한 가지 선명하고 분명한 약속만 믿으면 된다. 이 선물마저 부정한다면 인류는 항상 공허하고 무의미한 삶에 시달릴 것이다. 왜냐하면 사람이 아무리 깨닫고 성숙해도 결국 사람은 관계적 존재이기에 대상이 부재한 상태를 견뎌낼 수 없기 때문이다. 사람은 정물이 아니니 말이다.

 온 인류가 하나님을 경외하길 바란다. 그리고 그 분이 주신 사랑을 깊이 배우고 감사하길 바란다. 이해가 안 되겠지만 나는 이것이 인류가 살아남을 대안이라고 생각한다. 하나님 없이 승승장구하는 인간이 잘 되는 듯하지만 결국은 비극만 초래할 것이다.

 돌아온 탕자 같은 인류가 속히 아버지 품에 돌아와 아버지라는 존재를 제대로 인식하는 순간이 오길 바란다. 그런 전 지구적 자각만이 인류가 이 지구상에 살아남는 근거가 될 것이라 믿는다.

# 04

# 하나님을 오해하는 것들

　원죄란 일반적으로 아담의 죄가 우리들에게까지 이어져 내려온다고 알지만 그건 정말 일반적인 견해일 뿐이다. 내가 지은 죄도 아닌데 아담의 후손이니 다 원죄가 있다고 한다면 그 누가 쉽게 납득할 수 있을까.

　우리는 그간 죄인이라며 지나칠 정도로 훈육받고, 세뇌받고, 교육받고, 암시받고 살아왔다. 이제 기독교 교리도 일방적인 가르침이나 주장, 강요, 세뇌에서 벗어나 합리적이고 납득할 수 있도록 설명하고 이해시키는 노력이 필요하다. 기독교가 믿음의 종교라고 하지만 수

많은 초대 교부(敎父)들은 기독교야말로 이해의 종교라고 설명했다. 그래서 이런 말이 나오기도 했다.

"나는 믿기 위해 이해한다. 그리고 이해하기 위해 믿는다."

아담이 범죄하고 어딘가에 숨었던 것 같다. 하나님이 아담을 부르신다. 창세기 초반에 나오는 말씀이다.

"아담, 너 어디 있느냐."

아담이 답한다.

"벗었기에 두려워서 숨었나이다."

이 대목부터 참 어이없다. 벗었기에 숨었다니. 그럼 벗은 걸 신이 못 보실까. 그래서 물으신다.

"누가 너더러 벗었다고 하더냐."

누가 아담에게 "너는 벗었으니 수치스러운 인간이다"라고 말했나? 하와가? 뱀이? 하나님이? 아무도 안 했다. 결국 그런 말을 한 자는 아담 자신이었다. 프로이트로 말하자면 아담의 초자아가 탄생한 것이다. 그리고 초자아가 탄생하자마자 무자비하게 아담을 공격한다.

'넌 벗었어!'

'넌 죄를 지은 놈이야.'

'넌 수치스러운 놈이야.'

하나님도 아담에게 그런 말씀, 그런 정죄, 그런 판단을 하신 적이 없는데 도대체 누가 그렇게 말을 한단 말인가? 아담 자신이다. 이때부터 아담의 원죄가 탄생한다. 즉, 하나님을 오해하는 것이다. 하나님은 염려해서 달려오셨는데, 아담은 자기를 벌 주려고 달려오신 줄 왜곡한 것이다. 물론 벌을 받았지만 복음도 받았다. '여자의 후손(예수)이 뱀의 머리를 상하게 하리라'라는 말씀이다. 그리고 자신의 허물을 가려줄 가죽옷 한 벌도 받았다. 한 짐승이 죽임을 당한 희생으로 얻어진 옷이다.

그렇게 하나님은 아담과 하와를 배려하셨는데 이들은 하나님이 자신들을 낙원에서 쫓아냈다고 생각한다. 이것도 오해다. 낙원에 죄지은 채로 계속 살다가 선악과 열매는 이미 먹어봤으니 그 옆의 생명의 나무까지 먹고 죄인된 상태로 영원히 살면 그들에게 구원의 기회가 있을까. 하나님은 그들을 보호하시려고 낙원에서 쫓아낸 것이지 미워하여 쫓아낸 것이 아니다. 그러나 그들은 끝까지 하나님을 원망했을 것이다. 이후 하나님의 행동을 보라. 노아와 아브라함과 그 후손들을 택하시고, 선지자들을 보내시고, 나중에는 예수님까지 보내셔서 "너희를 사랑한다. 너희를 구원할 것이다. 나는 너희에게 좋은 하나님이다"라고 말씀하신다. 하지만 아무리 말해도 사람들은 듣질 않는다. 사람의 지독한 그집은 하나님도 어찌하실 수 없다.

"하나님은 그런 분이야! 하나님은 우리를 거절한 분이야! 우리를 쫓아내? 감히? 우리를? 하나님, 이 세상에 오기만 해 봐!"

이렇게 칼을 간 게 인간들이었고, 결국 하나님이 세상에 육신을 입고 오셨으나 그를 십자가로 쫓아냈으니 인간들도 참 집요하게 복수를 한 셈이 된 것이다.

칼빈은 "자연인은 하나님을 원하지 않고, 불편해 한다"고 말했다. 반면 "하나님을 주님이라 믿고 고백한다면 그 사람은 은혜를 입은 사람"이라고 말했다. 그런데 상담을 해 보면 기독교 신앙을 가진 분들 마음 안에는 하나님이 둘임을 본다. 성서에 기록된 예수의 아버지 하나님과 상담 받으러 오신 분의 마음 안에 있는 하나님이다.

이는 내담자가 자기 부모를 보고 만든 하나님이다. 그런데 가만히 이야기를 듣다 보면 그 부모는 벌주는 부모였다. 아이가 바라는 사랑은 주지도 않으면서 말이다. 그래서 그가 신자가 된 이후에 죄를 짓고 하나님께 회개 기도를 드려도 개운치 않다. 뭔가 크게 사고라도 나면 '내가 죄 값을 이렇게 치르는구나'라고 생각한다. 그리고 그 사고(질병이나 불행, 불운 모두)를 하나님이 주신 것으로 해석한다. 왜 자꾸 하나님을 프로이트가 말하는 초자아로 변질시키는 것일까?

나도 하나님이라는 분이 무척 무섭고 두려울 때가 있었다. 죽고 싶은 마음이 들었던 1991년 1월 추운 겨울이 특별히 그랬다. 그후로 수십 년이 흐른 지금 그 하나님이 무섭고 두려운 공포의 신이 아니라, 너무 좋으시고 여리시고 아름다우시고 고마운 하나님임을 깨우치며 살고 있다. 물론 신이 그런 면만 있는 것은 아니다.

여전히 무섭고 두려운 면도 계시지만 내 마음에 하나님의 이미지는 무서움과 두려움이 아니라, 감사와 고마움과 대화와 사랑과 친밀함과 공감의 하나님이시다. 내 내면 속에서 복음이 승리한 것이다. 내 남은 삶의 큰 과제 중 하나는 바로 사람들로 하여금 하나님을 오해하는 태도를 버리고 그 분이 정말 우리 각자에게 너무 좋으신 하나님임을 증거하는 것이다.

심리적으로 말하자면 하나님은 하인즈 코헛이 말한 최고의 자기대상(selfobject)이며 볼비가 말한 안전한 기지(secure base)라 할 수 있다. 그 분은 영원히 우리의 비빌 언덕이다. 그렇게 좋은 하나님을 믿고 있는 게 기독교 신앙이다. 그러니 불지옥을 만들어 예수 안 믿으면 지옥에 던지는 그런 하나님은 성서의 신이 아니라고 단언할 수 있다. 우리에게 진실을 보게 하시고 그 진실을 진리로 이끄시는 분이다. 그 좋은 하나님을 소개하기 위해 말 없이 십자가의 형틀에 오르신 예수님의 마음을 생각하며 하나님에 대해 그만 오해하길 바란다. 하나님은 내가 아는 한 최고로 눈물나게 고맙고 좋은 분이다.

무서운 부모가 심어준 하나님은 우상이다. 그 우상 숭배를 포기하고 은혜의 하나님만 만나면 참 좋겠다.

## 05

# 영적 갈망이
# 채워질 그때

걷다가 갑자기 몸 어딘가가 몹시 가려웠던 적이 있었는지 모르겠다. 그런데 그 부위가 은밀(?)한 부분이라거나 손 닿지 않는 부분이라면 정말 스트레스가 쌓인다.

중국의 학자 임어당은 강의가 끝날 때쯤 갑자기 몸의 은밀한 부위가 가렵기 시작했다고 한다. 그리고 강의를 마치자마자 총알같이 화장실에 가서는 그 부위를 긁었다고 한다. 그때의 쾌감은 이루 말할 수 없었다고 한다. 가려움으로 고생한 사람은 임어당의 이 작은 에피소드가 와 닿을 것이다.

가려운 부분을 긁을 때의 시원함처럼 산 정상에 올라 탁 트인 하늘과 발 아래의 풍경을 보는 기분, 그리고 시원한 바람이 주는 쾌감을 경험한 사람은 등산이 주는 맛에 취하고 만다. 사람들 마음 안에는 이처럼 무언가를 해소하고 싶은 갈망이 있으며 그 갈망이 해소되는 순간의 절정 경험(peak experience)을 느끼고자 하는 갈망이 있다.

분석 심리학자 칼 융은 이렇게 말했다.

"어느 시대나 사람들의 마음 안에는 넘치는 종교성(Religious spirituality)이 있었다. 그러나 그런 갈망을 채워준 종교는 존재한 적이 없다."

다들 교리 싸움, 세력 다툼만 있을 뿐 정작 사람들 마음 안의 그 끓는 영성적 요구를 채워주지 못했다는 것이다.

부부 혹은 연인 사이에 섹스는 매우 중요한 경험이다. 두 사람이 서로의 육체를 통해 쾌감과 긴장 이완을 하게 되면 몸에서 건강을 활성화시키는 신진대사가 일어나기 때문이다. 여기서 중요한 것은 남자는 여자에게, 여자는 남자에게 그런 절정 경험(흔히 오르가슴이라 부르는)을 느끼도록 노력해야 한다는 것이다. 그래서 극적인 순간 사정을 하거나 오르가슴을 느끼면 그 순간은 이제까지 우리를 짓누른 모든 자의식에서 유체이탈을 하는 것 같은 '단(斷)'의 경험이 일어난다. 그런 경험을 하면 우리의 자의식이 달라진다. 진정한 심신의 개운함과 평온함이 온 몸과 마음을 덮는다. 그러나 이런 오르가슴 없는 성관계는 안 하니만 못하다. 그럼 누구나 경험하듯 개운치 않은 감정이 온 몸과 마음을 오염시킨다. 적절한 비유는 아니지만 변비로 고생할 때 어느 순간 갑자기 화장실에 가고 싶은 충동이 생겨 배설을 할 때의 쾌감과 유사하다. 그러나 가도 여전히 변비 상태를 확인할 때의 그 찝찝함은 형언할 수 없는 불쾌감으로 다가온다. 나와야 할 게 나와야 하는데 그렇지 못하면 몸에 가스가 생겨 더부룩함과 소화불량, 피부 트러블로 인해 심신이 힘들어진다.

우리 인간은 동물에게는 없는 영적 본능이라는 게 있다. 영적 갈망 말이다. 정말 이렇게 좋은 날이 있을까 싶을 정도로 날이 밝고 바람과 온도가 좋은 날에는 등산이라도 하면 정말 좋을 것 같다. 하지만 주일이라면 교인들은 교회에 가야만 한다. 산과 바다에 가지 않고 교회에 나가는 이유는 주일이기 때문이지만, 동시에 산과 바다에서 경험하지 못하는 영적 절정감을 기대하기 때문이다. 그래서 예배가 좋아야 한다. 찬양, 기도, 강론, 말씀이 은혜로워야 한다. 설교자는 본문에서 가장 은혜로운 부분을 끄집어 내 말씀의 절정감을 느끼도록 해야 한다. 그래야 육체와 정신이 그 절정감 속에서 즐거움과 기쁨을 누릴 때 우리의 전인(whole person)이 행복감을 느낄 수 있다. 그게 진정한 안식의 의미다. 하나님과의 만남을 통해 영이 열리면 그 상태로 사람을 봐도 좋고 자연을 보아도 감격스럽다. 이런 감격이 바로 절정 경험(peak experience)이며 마음 안에 넘치는 종교성(Religious spirituality)이 충만해지는 순간인 것이다. 그렇게 절정 경험과 넘치는 종교성을 채워주는 교회는 아무리 코로나라 해도 부흥하고 전도되고 성장하기 마련이다. 그게 안 되면 백약이 무효다.

20여 년 전부터 지구촌이라는 말이 쓰이기 시작했다. 네트워크의 발달로 지구가 작아졌다는 의미다. 그리고 언제부터인가 우주적이라는 말이 유행하기 시작했다. 이제 로켓이 화성을 향해 간다는 뉴스는 식상해진 분위기다. 그만큼 우리 인류의 안목이 우주적으로 넓어졌음을 의미한다.

나는 기독교 신학이나 신앙이 지구촌을 넘어 우주적 그리스도를 지향하길 바란다. 우주적 신앙으로 넓어지길 원한다. 지금 당장 교인이 줄고 헌금이 줄어드는 것만 염려하지 말고, 지금의 기독교 시스템을 갖고 50년, 100년 후를 준비할 수 있는지 스스로 물어야 하는 자성의 시간이 되어야 한다고 생각한다. 이제 배타적 태도는 모두 버려야 한다. 우리의 성서적 정체성은 굳건히 하되, 나머지는 삼성 이건희의

"마누라, 자식 빼고 다 바꿔라"는 말처럼 우리 기독교도 모두 바꿀 준비를 해야 한다. 과거 신앙적 유산을 지키려는 마음은 훌륭하지만 과거에만 매달린다 하여 미래가 열리진 않는다. 세상은 우리보다 빠르게 돌아가고 변화한다.

절정 경험을 체험해야 영적인 안목도 열리게 된다. 과장하면 우리의 뇌에 엄청난 변화가 일어난다는 것이다. 이것이 어려울 때 이단들이 여기저기서 신비주의를 통해 사람들을 유혹한다. 아무리 교리적으로 건전하지 않다고 강조해봤자 소용없다. 사람들은 절정 경험과 종교적 영성을 채워주면 불교든 무교든 기독교든 따지지 않는다. 그런 시대가 되었다. 부부도 육체적, 정신적 오르가슴을 채워주면 절대 헤어지지 못한다. 죄도도 불가능해진다. 아주 쉽게 말하면 감동을 주라는 말이다. 목회자는 교인들에게, 배우자는 아내나 남편에게, 부모는 아이들에게, 아이들은 부모에게, 친구가 친구에게 감동을 줘보라. 절대 그 은혜를 잊지 못할 것이다. 그런데 애초에 받은 감격이 없으니 줄 것도 없다. 스스로도 감동이 안 되니 설교를 해도 내가 만난 하나님을 감격스럽게 전하지 못한다. 이게 한국교회 대부분의 모습이 아닌가 싶다.

사람은 전 세계적으로 산 정상에 가면 치르는 의식이 있다. "야호

~"라고 소리를 지르는 것이다. 하나님의 호칭이 야웨다. 히브리어는 후음이 강하여, '야~'가 강하다. 다시 말해 모든 민족이 산에 오르면 천상의 하나님을 부르는 것이다. 산 정상의 절정 경험의 고백이 바로 '야호'다. 하나님을 부르는 '야호!', 인간이 그렇게라도 신을 만나고 싶은 것이다.

　해석이 과장이라고 비난해도 괜찮다. 사람의 가슴에는 이처럼 신을 부르고 영원을 사모하며 감사를 나누고 싶은 근원적 영적 욕구를 지니고 있기 때문이다.

## 06

# 천국에 가서도
# 아파트에 살까

어느 목사님이 설교 중에 명언을 선포했다.

"내 목회의 궁극적 목적은 여러분들을 모두 천국으로 이끄는 것입니다!"

아멘이 저절로 나왔다. 맞다. 목회자라면 그런 마인드를 갖고 목회하는 게 옳다. 다만 천국에 들어가지만 상급의 문제는 남는다. 예로 평생 죄짓다 죽기 직전에 예수님의 마음에 작은 감동을 준 우편 강도를 향해 예수님은 "네가 오늘 나와 함께 낙원(파라데이소, 여기서 파라다이스가 나왔음)에 있으리라"고 하셨다. 그래서 많은 사람들은 이

행운의 남자가 받은 구원을 '부끄러운 구원'이라고 말한다. 정말 이 사람은 자격 없는 사람인데 예수님을 만나, 그것도 죽기 직전에 한마디 한 것으로 인해 영혼이 낙원에 있을 수 있는 크나큰 은혜를 받았기 때문이다. 문제는 상급이다. 신약성서에 보면 사후의 삶에 대한 상급의 문제가 언급된다. 가장 유명한 구절은 금 면류관(요한계시록 4장 4절)을 주시겠다는 말씀이다. 사실 양심적으로 생각해봐도 내가 지금처럼 살다 죽은 후의 상급과 주님을 위해 목숨 바쳐 순교한 순교자의 상급이 같을 수는 없을 것이다. 그건 너무나 당연한 말이다.

천국과 지옥은 예수의 재림 이후에 대심판이 열리고, 그 대심판을 통해 알곡과 쭉정이가 갈라지듯 천국과 지옥이 구분 되어지는 것이다. 죽어서 천국에 가니 내 상급이 작아 작은 집이 주어지고, 상급이 크면 큰 집(100평 넘는 아파트?)을 주신다는 이야기를 아무 거리낌 없이 하는 사람들이 많은데 이건 자신들의 주장에 불과한 이야기이지 성서적이지 않다. 천국에서의 상급은 모두 다 (큰 집이든, 면류관이든, 금은 보화든) 물질로서의 결과물이 아니다. 천국에 물질로서의 상급이 있겠는가? 그건 모두 다 비유인 것이다.

천국에서의 상급은 단 하나다. 예수 그리스도가 우리의 유일한 상급이다. 우리가 세상에서 주 예수를 사랑했다면 그 사랑의 크기가 상급처럼 진실되게 남아 있을 것이다. 천국에는 갔으나 작게 사랑했다면 주님이 곁에 계셔도 스스로 부끄러울 것이요, 그 사랑이 크다면 감사해 찬양할 것이다. 그러니 천국에 가서도 큰 아파트, 작은 아파트, 금으로 된 면류관(금으로 만든 면류관이 얼마나 무거울까. 그걸 잠시 쓰기도 힘들 텐데 영원히 쓰고 싶을까?)을 운운하는 것은 인간적인 마음이 만들어낸 코미디 같은 말이 아닐 수 없다.

인과의 법칙으로 말하자면 주님을 향한 거울이 하나씩 있는데 그 거울이 흐린 자들이 있을 것이고, 아주 맑은 자들이 있을 것이다. 주님이 곁에 계실 때 거울이 맑은 자들은 주님이 맑게 잘 보여 기쁠 것이고, 흐린 자들은 곁에 계셔도 잘 보이지 않아 속상할 것이다. 물론 이것도 나의 주관적 비유에 불과하다.

천국의 상급은 오직 사랑과 예수뿐이다. 내가 믿음이 있다 해도 그 믿음이 사랑으로 드러나지 않았다면 그 사람에게 주어지는 사랑은 너무나 작을 것이다. 그러니 순수한 마음으로 주님을 섬기자. 가난한 자들을 돌보며 세상이 전부라는 속임수에 속지 말고 믿음을 지키고 인내를 통해 모든 시험과 의심들을 넉넉히 이기는 자가 되자.

내가 생각하는 하나님의 별명은 '은밀히'다. 그 분은 우리의 삶을 은밀히 보시고, 우리의 진심도 은밀히 살피시며, 우리의 거짓도 은밀히 아신다. 내가 돈을 벌고 싶어 책을 쓰는지, 이 글이 필요한 사람들을 위해 쓰는지, 그분은 은밀히 다 보신다. 이것만 알면 예수 믿는 사람으로서 거짓말하고 위선적으로 살 수 있을까? 예수를 믿는다며 돈을 밝히고, 정치적으로 선동하고, 위선자로 살고, 가난하고 힘없는 이들을 괴롭히고, 많은 이들 위에 군림한다면 주님은 이런 자들을 만나 천국은커녕 "이 위선자들아! 화있을 진저!"라고 불호령을 내셨을 것이다. 그 분을 속일 수는 없다. 구원받았다며 개처럼 살면 구원을 개처럼 여기는 것이다. 그건 애초부터 구원이 아니라는 말이다. 하나님은 속일 수 없다. 꼭 명심하라. 하나님은 은밀히 다 보신다.

# 07

# 마음 감옥을
# 넘어서

〈쇼생크 탈출〉에 보면 브룩스라는 이름의 장기수 노인이 등장한다. 그는 스십 년 감옥에서 살다 드디어 자유의 몸이 된다. 출소 후 슈퍼마켓에서 일을 하고 나름대로 살아가려고 몸부림치지만 결국 자유를 등지고 목을 매 세상을 뜬다.

구약성서에 의하면 히브리 노예들이 이집트에서 4백 년 넘게 종살이하다 하나님의 은혜로 모세를 통해 대굽을 탈출한다. 그리고 홍해를 건너는 기적을 경험하고, 드디어 광야라는 안전지대로 들어간다. 이제 가나안 땅으로 가기만 하면 된다. 그런데 성서에는 여호수아와

갈렙지파 외에는 그 많은 사람들이 광야에서 죽었다고 말한다. 광야에서 만나와 메추라기를 먹고, 밤에는 불기둥과 낮에는 구름기둥의 보호를 받고, 들짐승이나 전갈의 피해로부터 보호받았던 그 사람들이 어떻게 광야에서 몰살당하였는가? 하나님이 그렇게 하셨을까? 아니다. 결국은 그들은 몸만 자유인이었지 정신은 여전히 이집트 바로의 노예였다. 정확히 말하면 그들은 가나안에 가고자 하는 마음이 없었다. 그래서 툭하면 모세와 하나님을 원망하다 죽은 것이다.

왜 우리는 변하지 않느냐고 사람들이 묻는다. 늘 말하지만 사람 마음이 의식과 무의식으로 되어 있다는 프로이트의 전제를 갖고 말하면 의식은 변화를 원하지만 무의식은 변화를 집요하게 거부하기에 변화하지 않는 것이다.

과연 우리의 몸 나이와 정서적 나이는 동일할까? 그게 동일하다면 그 사람이 성인(成人)이요, 성인(聖人)일 것이다. 우리는 겉만 번지르할 뿐, 다 내면 아이의 지배를 받는다. 그런데 그 내면 아이가 행복하면 참 좋은데 우울하거나 불행하다고 생각한다면 아무리 현실에서 몸부림쳐도 내면 아이가 동의하지 않는다. 몸은 자유인이 되었다고 해도 히브리 사람들의 내면 아이가 이집트 바로 왕의 노예로 살 적에 고기 몇 점 주워먹는 재미를 누리며 살아왔다면, 아이러니하게도 그게 좋은 것이지 자유가 좋은 것은 아니다. 이처럼 우리는 집요한 심리적 항상성(homeostasis)에 빠져 사는 것이다 이것은 최면과도 같다. 인생이 불행하다 생각하는 사람들의 공통된 특징은 내면 아이가 행복하지 않다. 그런데 그 내면 아이가 지배당하는 것은 바로 무서운 초자아라는 율법이다. 아주 가혹하다. 자기 부모에게 물려받은 심리적 유산이다. 그래서 자신에게도 혹독하고 남에게도 그러하다.

어릴 적 거짓말을 하면 반드시 벌을 받고 살았던 한 소년은 나이가 들어서 아버지가 되고 교사가 되었을 때 거짓말하는 자기 아이와 학교 아이를 가만둘 수 없었다. 반드시 벌을 받게 했다. 그렇게 하는 게 사람을 만드는 방법이라 신념처럼 믿은 것이다. 그렇게 나이가 들어 은퇴하게 되니 자기 주위에 아무도(아내조차) 남아 있지 않더라는 것이다. '반드시 벌을 받아야 한다. 거짓말을 하면 큰 죄다!'라는 말이 틀리지는 않지만 이렇게 강한 신념을 갖고 사는 사람 곁에 머물고 싶은 사람이 몇이나 되겠는가? 그는 매일을 쓸쓸히 개 한 마리와 산책하는 게 유일한 낙이다. 그는 사람이 아닌 개하고 살 사람이었다.

하나님의 복음을 마음으로 영접한 사람들은 내가 정말 구원받았는가를 잘 생각해야 한다. 말씀에 근거해서 말이다. '내 마음에 율법주의가 남아 있는가. 예수님의 보혈로 율법주의라는 원칙이 사라졌는가'를 돌아봐야 한다. 예수님은 '믿으면 구원을 받는다'고 하는데 여전히 자기 정죄가 심하고 평안보다 두려움이 가득하다면 그건 구원의 버스에 탔지만, 여전히 그 사람 내면은 바로로 상징되는 율법에 노예처럼 묶여있다는 증거다. 이 부분은 하나님과의 화해도 필요하지만 자기와의 화해가 필요한 지점이다. 내가(정확히 말하여 내 초자아) 나에게 매 순간 은혜가 아닌 율법을 들이대며 위로와 평안이 아니라, 두려움과 원칙을 내밀며 자신을 위협하며 사니 이 삶이 지옥이지 천국이겠는가.

결국 삶은 어떤 관점에서 바라보느냐에 따라 천국과 지옥이 갈라진다. 끊임없는 두려움, 잔소리, 암시, 어두운 분위기, 긴장 등 이런 모든 것들이 가혹한 초자아를 만들어내는 재료다. 앞에서 언급한 브룩스라는 노인은 왜 자살을 했을까? 물론 감옥에서 가장 고령자였고, 그래서 사람들에게 인정을 받고 측은히 여김을 받았겠지만 막상 사회에 나오니 그 누구도 알아주는 사람이 없었다. 브룩스는 출소한 이후 우울증을 앓았을 수도 있고, 인생이 허망하다고 느꼈을 수도 있다. 하지만 남은 삶을 더 후회하지 않기 위해 '브룩스가 여기 있었다'를 남기고 세상을 떠나야 했다.

나는 1만여 권의 책을 소장하고 있었다. 그 많은 책들을 정리하면서 배운 게 있다. 그 시절에 너무 좋아 산 책이 지금 보니 '이걸 왜 샀지'라는 후회가 밀려왔다. 그때는 그게 좋았지만 지금은 다른 게 좋아진 것이다. 결국 인생에서 가장 중요한 건 과거도, 아직 오지 않은 미래도 아닌 지금 여기(here & now)이며 선택(choice)이다. 아무리 내면 아이가 뭐라고 해도, 애굽의 고기 가마가 그리워도 중요한 건 지금 여기다. 그리고 선택이다. 나는 지금 자유인이며 더 이상 노예살이의 삶으로 돌아가지 않겠다는 선택이다. 그러나 그렇게 선택할 힘이 없으니 매 순간 최면에 빠지듯 그 상처의 항상성 속으로 다시 기어들어 가는 것이다. 이게 비극이 아니고 무엇이겠는가.

율법주의는 매우 집요하며, 악에 우리를 세우지 않는다. 어차피 뭐가 악이고 잘못인지 누구나 다 안다. 율법주의는 우리의 선함을 꼬집는다. 우리가 사는 세상은 온통 모두 다 율법주의다. 선한 곳에서 일하면 칭찬, 안 그러면 비난이다. 그게 틀린 말은 아니지만 틀린 말이 아니라하여 늘 옳다는 말도 아니다. 비난받는 마음에 유일한 희망의 빛이 되어주는 것은 하나님의 은혜다.

누군가의 삶에 심각한 해악을 끼친 자가 감옥에서 성경을 읽고 눈물 한 번 찔끔 흘린 후 "나도 구원받았다"라고 하면 안 된다. 피해를 준 사람들에게 진심으로 편지를 쓰고 물질적 배상을 하기 위해 노력하는 척이라도 해야 하는 것이다. '죄는 밉지만 죄인은 미워할 수 없다'는 말처럼 피해자들이 '다 지난 일이니 그만하라'고 할 때까지 회개를 멈춰선 안 된다. 그게 회개다. 하나님은 용서하셨는지 모르나 사람은 용서 못한다면 자기 양심이 괜찮다고 할 때까지 애써야 하는 것이 맞다.

우리의 신앙은 율법주의에서 벗어난 것도 아니요, 은혜를 제대로 아는 것도 아니다. 그러니 늘 혼란과 위선이 난무하는 것이다. 누군가 말한다.

"왜 한국 영화에는 위선자들이 기독교인으로 많이 등장하는지 모르겠다."

# 08

## 자살하면 지옥에 갈까

    오랜 기간 정신분열증(조현병) 진단을 받고 여러 병원을 헤매던 청년이 있었다. 멀쩡하게 생긴 아들이 왜 이런 병에 걸렸는지 어머니 마음은 타들어 갔다. 그녀는 병원에서 큰 차도가 없자 이 병의 원인이 귀신들림은 아닐까 싶어 아들을 기도원으로 데려갔다. 그러나 아들은 일주일 만에 그곳을 탈출했다. 하루 종일 예배와 노동 기도를 반복하는 곳에서 아들은 더 미칠 것 같아서 도망을 쳤다. 병원 약도 끊었다. 아들은 점점 더 일본의 히키코모리처럼 집에서 나오지 않는 은둔형 외토리가 되어 가고 있었다.

10년 전 이맘때쯤, 나는 그를 만났다. 정신분열증은 사실 말이 필요 없는 병이다. 무얼 물어보면 아무 말도 하지 않거나 몰라요로 일관한다. 어떤 말이라도 해야만이 대화가 이어질 텐데 아무 말도 하지 않는 사람 앞에서 계속 질문을 하면 상담자는 마치 취조실의 형사 같은 느낌마저 든다. 몇 번 상담실에 오지 않았지만 20여 년 만에 낯선 사람을 만난 내담자에게 무언가를 묻는 일조차 조심스러웠다.

  집안에 정신분열증 내력은 없었다. 하지만 그 청년의 이야기를 들으면서 이해가 되기 시작했다. 남동생이 자살을 한 것이다. 그리고 남동생이 자살을 하기 3년 전에 아버지도 자살로 생을 마쳤다. 그 이야기는 청년의 어머니로부터 전해 들었다. 이런 경우 유가족, 특히 동성을 가진 가족은 외상 후 스트레스 장애에 해당하는 충격과 엄청난 죄책감과 자신도 그렇게 죽어야 하지 않을까라는 이상한 압박감을 받게 된다. 차라리 두 사람의 죽음 앞에서 꺼이꺼이 울고 애도라도 했다면 다행일 텐데 불행하게도 역기능 가정에서는 그런 애도가 용납되지 않는다. 감정을 교류해 본 적이 없기 때문이다. 그렇게 되면 내가 자주 쓰는 말대로 마음이 체한다. 마음이 체해도 아주 크게 체한다. 그 결과 이 청년은 모든 감정을 차단하기 시작했다. 희로애락을 못 느끼는 건 아니지만 그런 감정이 느껴질 때마다 느낌에서 모든 걸 멈추는 것이다. 그걸 조금이라도 자신의 감정에 이입을 시키면 너무 큰 고통이 밀려오기에 그렇게 차단을 시킨 것이다.

정신분열 증증이라면 내게 인사도 못할 턴데 이 청년은 그러지 않았기에 엄청난 억압과 감정을 단절하고 살았음이 느껴졌다. 슬픈 가족사를 조금 들어 알았지만 첫 시간에는 이를 언급하지 않았다. 그러다 두 번째 만남에서 조심스럽게 그 문제를 이야기했다. 이 청년은 아무 말도 하지 않았지만 마음에 뭔가가 건드려지면 갑자기 기침을 하거나 머리를 숙이면서 이마를 손으로 두세 번 친다. 그리고 고개를 들면 방금 느낀 감정을 삭제한 얼굴이다. 아무것도 못 느끼는 상태를 만든 것이다. 안쓰러웠다. 안타까웠고 슬프기까지 했다.

그 어머니와 청년은 보수적인 교회에 다닌다. 보수적인 교회에서는 자살이 무조건 죄라고 가르친다. 그렇게 죄를 지은 사람들의 영혼이 당연히 어디로 가겠는가? 말할 필요도 없이 지옥행이다. 그 교회 목사는 그런 결과가 나올 줄 알고 자살 이야기를 운운했는지 모르겠다. 그들은 성경을 운운하지만 그렇지 않다. 성경을 제대로 이해하는 것도 아니고, 성경의 배경을 제대로 아는 것도 아니다. 교회의 역사나 신학의 흐름을 제대로 파악하고 있는 것도 아니고, 더욱 그들이 만나는 교인들의 심리를 제대로 파악하려는 노력조차 하지 않는다. 자살자가 죽어 지옥간다는 이야기는 성 어거스틴이 만들어낸 이야기다. 그 당시는 그랬다. 그렇게 해서 실제로(지옥간다는 말을 통해 두려움을 일으켜) 자살률을 낮췄기 때문이다. 성경 어디에도 자살자가 죽어서 지옥에 간다란 말은 나오지 않는다. 마냥 기쁘고 즐겁게 사는 사람이 갑자기 충동적으로 자살을 할까? 자살은 우울하게 살던 사람이 극단적인 선택을 하는 것이다. 우울하다는 것은 병이다. 아픔인 것이다.

그 청년과 이야기가 잘 되지 않아서 아버지의 자살을 언급했다. 얼굴에 약간 긴장이 돌았다. 두 가지를 강조했다.

"아버지나 동생이 그렇게 죽은 건 너무나 슬픈 일이지만 절대 네 잘못이 아니다."

"아버지나 동생이 죽어서 지옥에 갔다고 생각하지 말아라. 하나님이 그 두 사람의 영혼을 한없이 위로하고 계시며, 우리도 언젠가 죽어서 그 분을 만날 수 있는 순간이 올 것이다."

"몰라요"라는 말만 하던 그 청년 입에서 놀라운 소리를 들었다.

"예, 우리 아버지는 지옥에 가지 않으셨어요. 우리 아버지."

눈에 눈물이 고이는 듯했지만 다시 그는 얼굴을 숙이더니 손으로 이마를 두세 번 두드렸다. 다시 감정을 삭제하는 것이다. 그래도 그 얼굴에 달라진 기운이 느껴졌다. 잘은 모르지만 몇 십 년간 그를 괴롭히던 죄의식과 불안이라는 가시가 뽑히는 순간이었다. 다시 그를 만날 수는 없었다. 어떻게 살고, 어떻게 지내는지는 모르겠다. 하지만 그날 그와 느꼈던 자유함은 지금도 내 가슴에 담고 있다.

나는 하나님을 믿는 사람이다. 그런데 하나님을 붓다보다 못하게 소개하는 자들이 많다. 하나님을 인간을 괴롭히는 새디스트로 소개하는 천벌 받을 자들이 많다. 어차피 살아가는 모든 게 고통인데, 그런 고통받는 인간에게 지옥으로 위협하며 죗값을 챙기는 그런 신은 나는 믿지 않는다. 인간은 신의 연민이다. 그 연민의 마음을 곡해하지 않고 있는 그대로만 전해도 기독교가 이렇게 욕을 먹지는 않았을 것이다.

## 09

# 기독교인이 보는
# 다른 종교

'가슴 속의 지혜는 누가 준 것이냐 마음 속의 총명은 누가 준 것이냐' –욥기 38장 36절

'하늘에서 주신 바 아니면 사람이 아무 것도 받을 수 없느니라' –요한복음 3장 27절

기독교는 사람보다 하나님이 늘 앞서 계신다. 사람을 무시해서가 아니다. 사람을 겸손하게 하기 위해서다. 기독교나 유대교가 나온 배경은 사막 기후다. 사막 기후 속에서 인간이 할 수 있는 일은 오직 '적

응'일 뿐이다. 신에 대한 절대 순종과 복종을 강조하는 이슬람교나 유대교, 기독교가 사막의 풍토에서 시작된 것은 결코 우연이 아니다. 거대한 자연 앞에서 가장 우스운 인간은 다름 아닌 교만한 인간일 것이다. 권력자, 부자, 기득권자는 눈에 뵈는 것이 없는 사람들이다. 세상만사 모든 것을 제 마음대로 할 수 있다고 믿는다. 구약의 욥기서나 신약의 요한복음서를 보면 '생명, 지혜, 총명, 구원, 은혜 이 모든 것은 하나님께서 사람에게 베푸시는 선물'이라고 한다. 그래서 성경은 항상 청지기 사상을 강조한다. 청지기는 말 그대로 주인의 물건을 잠시 맡아 관리하는 자를 의미한다. 내 것이라 할 것이 없다라는 말이다. 인간에게 처음부터 주어진 운명이 있다면 그게 바로 청지기라는 운명이다.

하나님이 최초의 인간 아담에게 이르신 말씀은 "땅을 정복하고 다스리라"였다. 얼핏 보면 '주인이 되어 땅을 정복하고 다스리라'는 말씀이 마치 식민지 지배를 정당화하는 듯한 느낌이 들지만 그건 오해다. 그 당시 땅에는 아담이 정복해야 할 무엇인가가 있었을 것이다. 그리고 다스리라는 말 속에는 '관리한다'라는 청지기의 의무가 들어있었다. 때려 부수거나 싹쓸이 하거나 내 욕심대로 취해 제멋대로 하라는 의미가 결코 아니다.

그런데 인간은 하나님이 만드신 자연을 제멋대로 파괴하기 시작했고, 신이 정하신 모든 규칙을 자기 기분대로 흠집내기 시작했다. 그래서 인간을 향해 갖고 계셨던 하나님의 선한 뜻들이 하나 둘 왜곡되기 시작한 것이다. 오존층의 파괴, 지구 온난화, 남극과 북극의 얼음이 녹는 이러한 사태는 결코 하나님이 의도하신 것이 아니다. 사람이 제 자신의 주인이 될 때 성경은 행복할 것이라 말씀하지 않는다. 결과는 매우 불행하다. 그게 교만의 대가이며 탐욕의 결과다. 그래서 기독교는 항상 하나님을 먼저 앞세우는 것이다.

숲의 종교라 불리는 불교에서는 일단 신(神) 개념이 없다. 불교는 인간해방의 정신을 근거로 시작되었다. 그러다 보니 중요한 건 신의 명령이나 말씀이 아니다. 자연 속에 스며있는 삼라만상의 원리를 깨닫고, 그 자연의 뜻을 살피면서 인간 속에 왜곡된 많은 망상들을 하나 둘 바로잡으면서 제 자신의 본질(佛性)을 찾아가도록 방향을 제시하는 종교다. 처음부터 접근이 다른 것이다.

기독교와 불교의 공통점이 있다면 겸손과 무소유다. 예수님이 말씀하신 팔복의 첫 복인 심령의 가난함이며, 아무것도 내 것이 아니라는 무소유의 정신이다. 이는 욕심과 탐욕에 대한 경고이며, 욕심과 탐욕이 있는 이상 인간은 결코 구원에 이를 수 없다는 의미이기도 하다. 두 종교 모두 인간의 근원적인 문제를 직시하고 있다. 불교는 사람이 할 수 있는 모든 생각을 설명해 낸 가르침이다. 그것이 어떤 생각이든 모든 생각을 설명해 내고 있다. 그래서 불교에는 없는 개념이 있다. 바로 '은혜'다. 은혜는 자비가 아니다. 은혜는 신만이 사람에게 주실 수 있는 선물이며, 그 은혜의 핵심이 바로 예수 그리스도이기 때문이다.

나는 하나님을 알고 싶을 때는 항상 기독교의 전통 안에서 믿고 찾는다. 그러나 사람을 알고 싶을 때는 불교의 가르침을 통해 사람의 본성이 무엇인지 그 바닥을 훑는다. 불교는 기독교보다 더 복잡하고 심오한 이론체계를 가지고 있다. 반면 기독교는 신이 인간을 지으시고, 인간을 보시고 진단한 정의를 갖고 있다. 인간은 죄인이라는 정의다. 이건 사람이 사람에게 내린 정의가 아니라 하나님이 사람을 보고 내리신 정의다. 물론 죄인이라는 말은 죄라는 행위 그 자체만을 염두에 두고 말하는 것이 아니다. 기독교에서의 죄인이라는 말은 항상 하나님과의 관계를 염두에 두고 하기 때문이다. 인간은 분명 깨달음이 필요하다.

불교의 아쉬움 중 하나는 어쩔 수 없이 신의 개념을 처음부터 접고 시작한 종교였기에 깨달은 인간에게도 구원이 필요하다. 즉 '하나님이 필요하다'라는 사실을 잊지 못했다는 것이다. 물론 이것은 기독교적 관점에서 불교를 말하는 것이다. 인간 위에 하나님이 계시기에(인간의 깊은 곳에도 하나님은 계시지만) 그 하나님의 관점에서 그렇다는 말이다.

불교를 비하할 마음은 전혀 없다. 불교의 가르침을 존중하고 배우려 하는 마음도 있으나 이미 내 마음은 기독교적 가치로 충만해 있기 때문이다. 이 충만함마저도 자기 비움을 통해 비워야 할 것인지도 모르겠다. 언제나 비워야 채워지는 것이 세상의 법칙이며, 나를 비워야 성령이 충만해지는 것도 하나님이 우리 인생들에게 가르치신 명령이니 말이다.

바울이 그리스도인이 되기 전 유대교에서 많은 것을 배웠듯 나는 유교나 노자, 장자, 불교의 가르침을 통해 많은 것을 배운다. 그런 종교를 믿는 분들에게는 대단히 죄송하지만 그런 종교 속에서 가르침은 받지만 구원은 받을 수 없다. 구원을 받고 들여다본 내 마음을 그런 종교들을 통해 더 섬세하게 알 수 있었다는 점에서 노자, 장자, 붓다께 감사를 드린다. 그리고 이런 성현들을 인류에게 보내주신 하나님의 깊은 섭리에 고개숙일 뿐이다.

# 10

## 내어
## 맡김

수영 강사가 수영장에서 수강생에게 제일 많이 하는 말은 "몸에 힘 빼세요"다. 힘을 줄수록 가라앉는 몸, 힘을 뺄수록 뜨는 몸, 인생의 역설적 진리를 마주하는 듯하다. 넓고 넓은 바다에 빠지면 몸에 힘을 빼고 물에 눕는 듯한 자세로 두 손을 가슴에 대면 몸이 자연스럽게 뜬다. 누구나 바다에서 그런 자세로만 있을 수 있다면 적어도 가라앉지는 않는다. 구조할 누군가가 오기 전까지 생존할 가능성이 높아진다. 그런데 그런 부력의 법칙을 무시하고 계속 수영할 줄도 모르면서 이리 저리 허우적대면 몇 분 되지 않아 바다에 가라앉아 사망하고 말

것이다.

믿음도 마찬가지다. 하나님이라는 바다에 나를 내어 맡기면 된다. 그런데 바다가 주는 부력을 믿지 못하고 몸부림칠수록 몸은 점점 빠져 들어간다. 강박증은 하나님이 나를 사랑하신다는 그 믿음에 대해 몸부림치는 것과 같다. 믿음은 '내어 맡김'이다. 그걸 못하는 사람은 자신이 얼마나 내어 맡기는 믿음이 없는지 고민해야 한다. 하지만 그 이전에 자신이 어린 시절부터 그렇게 내맡겨진 편안함이 있었는지 돌아보길 바란다.

자아심리학자인 에릭 에릭슨은 인류 역사상 처음으로 인간의 삶을 유아기에서 노년기에 이르기까지 여덟 단계로 나누어 설명한 인물이다. 첫 단추를 잘 채워야 하듯 인간의 첫 단추는 유아기인데, 그 유아기에 가장 중요한 과제를 에릭슨은 기본적 신뢰(Basic trust) 단계라고 했다. 쉽게 말해 유아기의 큰 과제는 아기가 엄마를 믿는 것이라는 것이다. 그럼 어떻게 해야 아기가 엄마를 믿을까? 당연히 사랑을 주어야 한다. 그런데 아기 시절의 사랑이란 사랑한다는 말이 아니라 행위이다. 아기가 울 적에 엄마가 민감하게 반응할 줄 알아야 한다. 아기의 생리 및 심리적 필요를 채워주고, 이것을 수백 번 반복해주면 아기는 엄마에 대해 신뢰를 갖게 된다는 것이다. 그런데 아기에게 엄마란 단순히 엄마만을 의미하지는 않는다. 엄마는 최초의 대상

(object)이요, 최초의 이웃이며 하나님 같은 존재이며 친구이며 자신의 눈빛을 반영해주는 거울과 같은 대상인 것이다. 그래서 엄마가 내 필요를 채워주면 아기는 엄마, 친구, 세상, 이웃, 하나님이 나에게 필요를 채워준다는 믿음이 생긴다. 이런 믿음이 강하게 생긴 아기는 절대로 강박증의 늪에 빠지지 않는다.

사람은 누구나 경험의 산물이다. 많이 속아본 사람은 늘 의심이 많고, 믿어준 경험이 많은 사람은 무얼 들어도 그걸 받아들이고 믿는다. 강박증을 앓는 사람은 확인을 수도 없이 반복한다. 결국 그런 심리의 끝자락에 이르면 안전에 대한 욕구가 클 턴데, 그런 사람들은 잠시라도 편안하면 불안이 밀려오거나 그 편안함을 의심한다. 그들은 슬프지만 불안을 사랑하며 의심을 신뢰보다 믿는다. 이런 사람들이 신앙을 갖게 되면 자신의 구원을 지속적으로 의심한다. 자신의 행위에 근거하여 하나님이 자기를 버리거나 비난하거나 구원을 포기하거나 지옥에 던지지 않을까 노심초사한다.

강박증 환자들의 문제는 온전히 자신을 하나님께 내어 맡기지 못한다는 것이다. 괜찮아라고 말해도 괜찮아를 믿지 않는다. 그리고 괜찮지 않은 자신의 어떠함을 반복적으로 드러내면서 하나님의 사랑을 시험한다. 이런 사람은 천국에 가도 스스로 지옥을 양산해 내고 있다는 것이다. 그걸 즐기는 게 아니라면 하나님께 그런 자신을 온전히 내어 맡겨야 한다. 그리고 로마서 7장과 8장을 완전히 외워야 한다.

강박증도 하나의 율법이다. 그 율법에서 우리를 자유케 하시기 위해 십자가의 고통과 죽음을 감당하신 그리스도의 희생이 강박증 환자들에게 진정한 자유가 되어지길 바란다. 믿음의 바다에서 할 일은 가만히 바다의 부력을 의지하여 누워 있는 일이다. 그리스도께서 성큼성큼 물 위를 걸어 그런 나에게 손 내미시는 순간이 있을 것이다.

# 11

# 내 믿음을 포기하고,
# 그 분의 믿음 받아들이기

한국 교회가 만든 이상한 신학이 있다. 분명 하나님의 은혜로 예수님을 통해 구원을 받는데, 이제 그 은혜로 구원을 받았으니 남은 삶을 주님을 위해 봉사하라는 것이다. 그리고 그걸 제대로 못하면 마치 배은망덕인 것처럼 헌신을 강요한다. 그러다 보니 쥐어짜듯 믿음을 강조한다. 그리고 자꾸 훌륭한 인물들을 내세운다. 아브라함 같은 믿음, 야곱 같은 믿음을 강조한다.

그런데 아브라함이 이삭을 번제로 바치기 위해 칼을 들었을 때 우리는 그 칼을 든 아브라함의 믿음만 바라본다. 그러나 그가 이 사건이 있기 전에 하나님의 약속을 받고서 저지른 아주 치명적인 오류들, 특히 자기 아내의 권유로 하녀인 하갈을 취해 이스마엘을 낳은 사건은 하나님의 언약에 정면으로 도전한 무모하고 무신앙적인 행동이 아닐 수 없다. 아브라함은 75세부터 25년간 하나님의 언약, 네 몸에서 날 자를 통해 네 후손을 축복하시겠다고 한 언약을 자기 방식대로 이루려 했다가 여러 번 실패를 겪은 사람이다.

아브라함은 자신의 믿음 없음을 경험한 사람이다. 그런 그였기에 100세에 낳은 이삭을 제물로 바치라는 하나님의 명령을 믿음으로 행할 수 있었던 것이다. 즉 아브라함이 믿음이 좋아서 아들을 제물로 바치려 한 것이 아니라, 그가 아들을 향해 칼을 들 수 있을 정도로 하나님이 그를 믿어주시고 기다려주시고 참아주셨음을 깨달았기 때문이다. 그러니 아브라함이 믿음의 조상이라 하지만 그 믿음이 사실 아브라함의 믿음이 아니라, 아브라함을 믿어주신 하나님의 믿음이라 봐야 옳다.

야곱도 그렇다. 그가 형 에서를 만나기 전에 가족과 소유물을 강 건너에 모두 다 보내고 얍복강가에서 홀로 있을 때에 천사가 나타나 그와 씨름을 한다. 그러자 하나님의 천사된 자가 더 이상 씨름을 할 수 없다면서 야곱의 골반뼈(환도뼈)를 부러뜨리는데, 야곱은 그 큰 고통 중에도 반드시 자신에게 복을 달라며 천사의 샅바를 놓치 않는다. 그때 천사가 그의 이름을 바꿔준다. "너는 이제부터 야곱(속이는 자, 사기꾼)이 아니라 하나님과 겨루어 이긴 자, 이스라엘이라." 그래서 많은 신앙인들은 이 본문을 근거로 끈질긴 야곱의 기도와 인내가 이스라엘이라는 이름을 얻는 복을 받게 되었다고 해석한다. 그런데 하나님이 정말 사람에게 질 수 있는가? 분명 하나님은 야곱에게 지신 것 같아 보이나 가만히 보면 져 주신 것이지 야곱이 이긴 게 아니다.

한국교회의 문제는 믿음을 마치 쥐어짜듯 인내의 화신이 되어 '기도했더니 무언가를 주신다'라는 공식을 만들어 냈다는 것이다. 그러다 보니 마지막에는 자신의 공로가 들어간다. 그리고 위선자가 된다. 자신의 형함이 은혜보다 앞선 자가 된다. 그리고 교회에서도 내가 저 사람보다 더 많이 기도하고, 봉사하고, 헌신하고, 헌금하고, 전도하고, 교회생활을 충실히 했다고 은근히 자랑한다. 자기 공로가 은혜보다 앞서는 것이다. 위선자는 늘어가고, 결국은 헌금을 많이 한 교인이 큰소리칠 수 있는 구조로 변질되었다. 이게 한국교회의 타락을 주도했다고 본다. 목회자들 역시 하나님이 인간들을 위해 그 귀한 보혈을 흘려 십자가에서 우리를 구원하셨거늘, 구원받은 우리는 도대체 뭘 하고 있느냐며 더 많이 헌금하고 헌신하라고 강요한다.

하나님께서 우리에게 말씀하시는 구원받을 믿음이란 '내 믿음'이 아니다. 나에게 주어진 믿음은 갈대 같아서 이리 흔들거리고, 저리 흔들거린다. 내가 기분이 좋고 일이 잘 될 때는 구원이 있는 것 같고, 상황이 좋지 않을 때는 구원이 사라지는 것 같다는 마음이 든다면 나에겐 믿음이 없다는 것인가? 그런 믿음은 진짜 믿음이 아니다. 우리 같은 연약한 자들을 끝까지 사랑하시고, 속아주시고, 기다려주시고, 믿어주시는 그 믿음! 그 하나님의 믿음이 진짜 믿음인 것이다. 그리고 우리는 모두 다 그 '믿음'으로 구원을 받은 것이다.

물론 내가 죄인임을 고백하고 예수를 나의 구주로 영접할 때 구원이 이루어지지만, 돌아보면 내가 죄인임을 고백할 수 있는 것과 그분을 나의 구주로 영접할 수 있는 것은 내 노력이 아니라 하나님의 무조건적인 믿음이라는 사실이다. 그러니 하나님이 우리 인생들에게 내려주신 그 구원이라는 것도 알고 보면 성부, 성자, 성령 삼위일체이신 하나님이 만들어주신 완전한 선물이라는 것이다. 그 선물에 0.000000000000000000001%의 인간의 어떠함(노력, 애씀, 의지)도 개입됨이 없다는 말이다.

교회에 모일 때마다 우리 같은 자들을 구원해주신 하나님의 은혜를 찬송하고 감사해도 부족할 판인데 구원의 은혜는 10, 나머지 90은

교제와 나눔으로 채우려 한다. 이러니 분명 구원이 감사하긴 한데 뭔가 부담스럽고 잘못하고 있는 것 같은 이상한 분위기가 우리를 압도하게 된다.

왜 하나님을 뭔가 요구하는 이상한 하나님으로 변질시키나? 왜 자기 아들을 내어주기까지 하신 그 고마운 분을 우리는 무섭고 벌 주며, 무언가를 자꾸 요구하며 기대치를 높이는 부담스러운 하나님으로 전락시키는가? 언제까지 하나님을 (주)예수 기업의 총수로 인식해야 하나? 언제까지 하나님이라는 분이 우리 삶과 무관한 저 하늘에서 쯧쯧 혀단 차시는 하나님으로 오해하게 만들 것인가? 이건 당신의 아들을 십자가에 매다신 그 깊고 큰 은혜에 대한 배신이며 모욕이다.

이제 중단하자. 바로 믿고 마음껏 자유하자. 그리고 그 자유함으로 감사하여 무슨 일이든 행하자. 성 어거스틴의 말이다.

"하나님을 사랑하라. 그리고 모든 것을 하라."

## 12

# 하나님은
# 원리가 아니다

　오래 전 군 생활을 했을 때의 이야기다. 상병 때로 기억하는데, 나를 몹시 힘들게 한 일병이 있었고 그 위에 점잖고 말 없는 상병이 있었다. 어느날 막사 안에서 종교 논쟁이 벌어졌는데, 그 상병이 뜬금없이 나에게 이런 말을 했다.

　"너는 신을 믿니? 그런데 나는 신을 인격으로 보지 않아, 나는 신을 어떤 우주의 원리 같은 것으로 봐, 아니면 에너지 같은 존재로 봐."

　그 말을 20대 초반에 들었지만 수십 년 세월이 흘렀는데도 지금도 생생히 그때 그가 했던 말의 충격을 기억한다. 왜냐하면 하나님은 신이지만 나에게는 따뜻한 분으로 믿고 살아왔기 때문이다. 세월이 흘러 지금 그 상병을 만난다면 지금도 그렇게 생각하는지 묻고 싶고, 그때는 내가 너무 어려서 제대로 말을 못했으나 지금은 몇 시간 동안이라도 토론할 의향이 가득하다.

요한복음 1장 1절에 '태초에 말씀이 계시니라'는 말씀이 있다. 그리스어로는 'Ἐν ἀρχῇ ἦν ὁ λόγος(엔 아르케 헤 호 로고스)'라고 한다. 아르케라는 말은 태초, 처음, 근원을 의미한다. 그리고 로고스는 인간이 생각할 수 있는 능력, 즉 이성을 말한다. 그러나 사도 요한은 이 로고스를 그리스 철학의 개념으로 기록한 것이 아니다. 단어만 로고스지 그 내용은 히브리적 개념이다. 중요한 것은 이러한 이성, 원리, 이데아, 법칙 등으로 이해되는 로고스가 육신이 되었다는 선포다. 이런 선포는 실로 엄청나다. 그 이유는 말씀이시며 로고스이며 원리이며 이데아이며 법칙인 로고스가 육신이 되었다는 선포이기 때문이다. 사도 요한 당시 이 말씀을 읽은 독자들은 충격 그 자체였을 것이다. 왜냐하면 그 당시 육신이라는 건 영지주의의 영향으로 인해 더럽고, 영혼을 가두는 감옥 같고, 냄새 나고, 온갖 죄악의 씨앗을 모두 품은 살가죽과 같은 것이었기 때문이다. 그런데 위대하고 거룩하며 형언할 수 없으신 귀한 하나님이 육신이 되었다는 것이다.

지금 세대에 이 구절을 읽으면 아무 감흥이 없겠지만 당시는 상상할 수 없는 선포였다. 고로 예수 그리스도라는 육체는 하나님의 선하심과 위대하심과 심오하심과 원리와 법칙과 이데아 모두를 함축하고 있는 신인(神人)이라는 것이다. 눈에 안 보이고 만질 수 없고 인간이 헤아리기 어려운 그 하나님이 우리가 눈으로 볼 수 있고 만질 수 있고 어울릴 수 있는 존재로 세상에 오셨다는 선포가 바로 요한복음 1장 14절 말씀의 '육신이 되어'라는 의미다.

예수님은 요한복음에 '나로 말미암지 않고는 아버지께로 올 자가 없다'(요한복음 14장 6절)고 하셨다. 예수를 통하지 않고는 '하나님'께로가 아니라, '아버지'께로 올 자가 없다는 것이다. 왜 예수님께서는 이 구절에서 하나님을 아버지로 지칭하셨을까? 하나님을 아버지로 부르는 것이 몹시 유치하다는 사람들이 있다. 본시 신은 사람의 영역을 뛰어넘는 존재여서 아버지(어머니)라는 인격의 호칭으로 담을 수 없다는 주장이다. 그 말도 맞다. 그러나 예수님은 그런 자들은 하나님(인간이 감히 닿을 수 없는 그런 하나님)께로 나아가기 위해 엄청난 노력을 한다 해도 결코 하나님께 이를 수 없다고 선포하셨다. 그들처럼 머리가 좋지 않더라도, 공부가 짧더라도, 의롭거나 대단하거나 엄청난 수련이 없을지라도 하나님에게 "아버지!"라고 고백하는 자들은 예수 그리스도를 통해 하나님께로 나아갈 수 있다고 선포하신 것이다. 머리가 좋고 수련이 깊은 사람들은 자신들의 노력을 통해 어떤 심오한 하나님을 탐구해 갈지 모르지만 결코 그들이 '아버지'로서의 하나님을 뵐 수 없다는 것이다. 그저 아이가 부모를 잃고 큰 소리로 엉엉 울며 "아부지 아부지!"를 외치며 울듯 그런 자들에게 주님은 다가와 주시겠다는 것이다. 그런 의미에서 하나님은 신이시지만 스스로 '인격적' 하나님이 되어주셨다.

그 인격이 천박하고 싫다고 하는 사람들은 그저 하나님의 신격 속에서만 사유의 자유로움을 느낄 수 있을지 몰라도, 예수 안에서 하나님이 주시는 깊은 은혜와 관계와 친밀함은 나눌 수 없다고 선언하고 계신 것이다. 그 인격이신 하나님이 신자들에게 가장 바라시는 게 무엇인가? 그것은 헌금도 아니요, 제사도 아니요, 봉사도 아닌 바로 사랑이다. 진심 어린 사랑, 그리고 그 사랑에서 우러나오는 깊은 감사다. 그리고 그 거룩하신 하나님이 인간의 육신을 입고 세상에 오셔야만 했다는 이 기막힌 신의 사연에 깊이 공감하며 그 의미를 묵상하는 자들이야말로 진심 어린 그리스도인이다. 그런데 슬프게도 그런 사랑에는 오직 관심이 없고 오직 자신의 믿음이나 자신의 선행이나 자신의 마음만을 주된 관심사로 삼는 사람들이 적지않다.

한 남자가 한 여자를 너무너무 사랑하는데 여자는 남자를 만나기 전 스트레스가 충만하다. 얼굴에 뾰루지가 나서, 입 냄새가 나서, 입고 갈 옷이 마땅치 않아서 등 수도 없이 이유를 나열한다. 그러나 그 남자에게는 모두 다 관심 밖이다. 남자의 관심은 오직 이 여자 하나 뿐인데, 이 여자는 도통 그 마음을 알아주지 않는다. 이 여자를 미치도록 사랑하는 남자에게 가장 큰 선물은 그 사랑을 믿어주고 그 모습 그대로 나아가는 것이다. 다른 건 필요가 없다. 우리가 이렇게 살고 있다. 하나님은 모든 원리 중의 원리이며, 모든 법칙 중의 법칙이시며, 모든 이데아의 근원이시다. 그러나 하나님은 그 상태로만 스스로를 두지 않으셨다. 그 하나님이 육신이 되셨다는 이 위대한 선포가 기독교의 핵심 사상이다.

한때 구약성서 중 창세기를 깊이 공부한 적이 있었다. 그러면서 새롭게 발견한 진리는 하나님이 사람을 지으시고 바라신 게 큰 게 아니었다는 것이다. 그저 사람과 동행하길 원하신다는 것이다. 같이 길을 걸으며 이야기를 나누고, 사람을 지으신 그분의 사랑과 마음이 친밀함으로 드러나 교제하길 바라신다는 것이다. 그게 하나님이 아담을 만드신 가장 중요한 이유였음을 알고선 놀랐다.

그렇게 '좋으신 하나님'을 우리의 왜곡된 이미지와 병들고 날카로운 초자아로 벌주고 질책하고 무서운 규칙을 제시하는 하나님으로 전락시킨다. 나를 위해서 자기 아들을 주신 하나님이다. 이 사실을 가슴 깊이 받아들이고 회개하며 영접할 때 원리로서의 하나님이 아니라 인격적 하늘 아버지가 내 마음에 들어온다. 그리고 영원히 나와 교제하길 원하신다. 그게 신앙생활이다. 아직도 하나님을 무섭고 벌 주는 하나님, 높은 기준이나 규칙을 제시하는 하나님, 심오한 원리로만 존재하는 하나님, 철학자의 신으로 믿는 이들이 적지않다. 파스칼이 말한 그대로다.

"하나님은 철학자들의 하나님이 아니라, 아브라함과 이삭과 야곱의 하나님이시다. 그리고 나의 하나님이시다."

하나님의 깊은 마음을 은혜라 표현한다. 그 은혜의 드러남이 예수 그리스도의 삶과 십자가와 부활의 사건이다. 이 복음이 진실로 우리들 마음에 영원히 메아리치길 바란다.

## 13

# 결국
# 삶이 문제야

'냉담자'라는 표현이 있다. 가톨릭에서 주로 사용하는 말로 신앙생활을 지속하지 못하는 상태의 신자들을 일컫는 말이다. 사전적 의미로는 1년에 두 번 의무적으로 해야 하는 고해성사를 3년(6회) 이상 보지 않은 신자를 쉬는 교우 또는 냉담자라고 한다.

기독교에서는 가나안 성도라 말한다. 가나안을 거꾸로 하면 안나가다. 특히 모태신앙인이 가나안 성도라면 '못해신앙'이라 말하기도 한다. '예배 못해, 전도 못해, 헌금 못해.' 어쩌다 그렇게 되었을까.

나는 중학교 2학년 방학 때 형 누나들과 함께 우연히 기도원에 갔다가 흔히 말하는 방언의 은사를 받고 내 삶이 180도 변화하는 체험을 했다. 지금도 그 시절의 기억과 설렘이 있다. 아마 지금까지 내가 신앙생활을 해왔던 이유 중 하나는 바로 그 시절의 추억과 강렬한 체험 때문이라 해도 과언이 아닐 것이다. 문제는 그런 놀라운 체험을 하고 1년이 지나면서 찾아오는 것이 있었다. 미해결된 인생의 여러 가지 문제였다. 예수 믿고 구원을 받는다는 건 참 놀라운 일이고 드라마틱한 상황이다. 거듭났기 때문이다. 그러나 거듭났다면 이제는 아기 상태로 살 수만은 없지 않은가?

예전에 〈신의 길 인간의 길〉이라는 다큐 방송을 본 적이 있다. 영국인으로 승려가 된 한 청년의 이야기가 몹시 공감되었다. 자기는 대대로 기독교 집안이었는데 자신이 사춘기 시절 심리적 방황이 컸다고 했다. 그런데 그런 문제에 대해 부모님과 목사님에게 물으면 너무 단순하거나 짐작할 수 있는 말들만 하더라는 것이다. 그러다 불교를 공부하게 되었고, 인간의 생로병사에 대해 너무나 구체적으로 다루는 걸 보고 출가를 결심했다는 것이다. 그 장면을 보고 너무나 많은 생각이 스쳤다. 그 달이 너무나 공감이 되었고, 동시에 반발심(?)도 들었다. 과연 기독교 전통에서는 그런 삶의 고민을 무조건 믿으라고만 되어 있을까? 그건 분명 아닐 텐데 왜 저 사람은 기독교의 깊은 영성에 대해서는 생각해 보지 못했을까라는 생각이 스쳤다.

라브리 공동체를 창시한 프란시스 쉐퍼 박사는 철학 교수였는데 2차 대전 이후 청년들이 그에게 몰려와 질문을 했다고 한다. '도대체 적군과 아군이 모두 기독교를 믿는 나라들인데, 어떻게 인류 최악의 전쟁을 하느냐'는 질문에서부터, '신은 과연 존재하느냐'라는 고전적 질문에 이르기까지 쉐퍼 박사는 그 청년들과 스위스의 통나무집(라브리)에서 밤을 지새우며 토론을 했다는 것이다. 오늘날도 많은 청년들과 지성인들이 신앙에 대해 고민이 많다. 자기의 삶에 대해서, 가치에 대해서, 성적 문제에 대해서 궁금한 게 많은데 막상 이런 면들을 진지하게 듣고 이야기해 줄 사람을 찾는 건 쉽지 않은 게 현실이다. '그냥 믿어라'가 아니라 고민과 의심을 존중해주면서 합리적인 이야기를 해줄 누군가를 찾고 있는 것이다.

우리가 예수 그리스도의 십자가 사건과 부활 사건으로 구원을 받는 것은 분명하다. 복잡하지도 않다. 그러나 구원받은 이후의 삶은 혼란 그 자체다. 삶이란 어디로 튈지 모르는 럭비공과 같다. 누가 바른 길을 제시한다고 해도 그게 바른 길은 아니다. 내 길을 나 스스로 찾아야 하며, 시행착오를 겪어야 한다. 그러다 보니 삶이 혼란스러울 수밖에 없다. 정답을 찾고자 하지만 정답은 없는 것 같다. 그냥 살아가는 게 정답처럼 보인다. 성서를 읽고 그 내용을 이해하는 일만큼 중요한 것이 있다면 성경적 세계관, 흔히 기독교적 세계관이다. 기독교적 세계관으로 세상을 보고 기독교적 인간관으로 인간을 조망할 수 있다면 얼마나 좋겠는가. 이런 의미에서 하나님이 신자들에게 세상을 이해하도록 주신 큰 선물이 바로 인문학이라 생각한다. 인문학은 철학보다 크고 신학보다 넓다. 그러나 인문학의 전제가 기독교적이지 않기에 기독교인들이 인문학을 하다 보면 흔히 말하듯 시험에 든다. 그렇다고 인문학을 두루 공부하고 신앙을 논하고 싶지만 먹고 사는 일로 바쁜데 누가 그런 일을 할 수 있겠는가.

우리의 신앙은 어쩔 수 없이 이원론적이다. 주일은 선데이 크리스찬으로 살아가고, 남은 요일은 일반 사람으로 살아간다. 그래서 주일이 오면 다들 위선자로 산 것에 대해 미안해 하며, 기도만 시키면 죄만 짓다 나왔음을 용서해 달라는 기도가 단 한 주도 빠지지 않는 현실 아닌가. 주님이 오실 때까지 이런 삶을 반복해야만 하는가. 분명한 건 가나안 성도는 못해 신앙이나 내담자들의 고민과 의심이 불합리하지 않다는 것이다. 나름대로 이유가 있고 사연이 있다. 그래서 누군가는 하나님은 맹신적 신자보다 의심하는 무신론자에게 더 가까이 계신다는 말을 했던 것이다. 이제 우리가 믿으라고 할 수 있는 교리는 성삼위 하나님의 실제 하심, 구원을 베풀어 주심, 교회를 통해 세상을 변화해 가라는 명령, 그리고 다시 오실 주님을 위한 삶의 준

비일 것이다. 그 이외의 것에 대해서는 믿으라가 아니라 왜 안 믿어지는지, 믿고는 싶은 것인지, 믿는다면 그 믿음이 우리의 삶에 무슨 영향을 끼치는지를 고민해야 할 것이다.

삶에는 정답이 없다. 있다고 해도 그건 있다는 사람의 몫일 뿐, 각자 자신의 삶을 통해 시행착오를 거쳐야만 진정 내 삶의 정답이 되는 것이다. 그런 시행착오에 대해 프란시스 쉐퍼처럼 귀기울여 주고 이야기해 줄 사람이 필요하다. 이제는 진심어린 말을 해주는 멘토가 정말 필요한 시대가 되었다. 내가 믿는 신앙에 미래가 있는지 없는지는 신앙과 삶에 대해 몹시 궁금해 하고 갈망해 하는 수많은 사람들의 질문에 답해 줄 역량이 준비되어 있느냐 없느냐에 달려 있다고 본다.

다들 변해야 한다고 말하지만 정작 어떻게 변해야 하는지를 말하는 사람은 드물다. 교리를 지키는 일 못지않게 그 교리를 지키는 사람, 그 교리를 받아들이지 못하는 사람의 합리적 의심과 궁금증에 대해 답할 사람을 요청한다.

이해가 전제됨이 없는 믿음은 맹목이다. 맹목적 신앙으로는 미래를 열지 못한다.

## 14

# 잘 사는 게
# 내 뜻이다

미국의 종교심리학자였던 스타벅은 인간의 삶 중에서 가장 회심(conversion)하기 적당한 나이가 청소년기라고 했다. 청소년기는 생리적으로 제2차 성징이 시작되면서 호르몬의 엄청난 변화로 여자는 생리를, 남성은 자위행위를 시작한다. 자기 존재의 정체성이 혼란 속에 있는 시기이기에 전인적 갈등이 시작된다고 본 것이다. 그래서 중·고등학교 시절 하나님을 인격적으로 체험하면 그 아이는 평생 흔들림 없는 신앙인으로 자랄 가능성이 매우 높다.

이 시기의 아이들에게 영적 도전을 주는 가장 좋은 대안이 바로 여

름과 겨울 수련회다. 그러나 아직 자아정체성(self identity)을 형성하지 못한 아이들 앞에서 찬양집회로 감정을 고조시킨 후에 흑백논리만을 갖고 "사명을 가져야 한다"고 강조하는 것은 대단히 위험한 일이다. 그렇게 하면 아이들은 자꾸 하나님이라는 분은 대단한 일, 선한 일, 위대한 일, 하나님의 일을 할 때만 자신을 사랑하시고 인정해 주실 것이라 판단하기 때문이다. 하나님이 아이들(초중고)에게 사명을 주신다면 단 하나일 것이다. '잘 살아라.' 행복하게 살고, 감사하며 살고, 남 괴롭히며 살지 말고, 스스로 배워가며 건강하게 잘 살라는 메시지가 하나님이 주시는 가장 큰 사명이라 생각한다.

하나님은 사람에게 조건이 없으시다. 하나님은 인간들이 당신의 독생자 예수를 십자가에 못 박아 죽일 때부터 사람에게 아무런 기대가 없으시다. 인간이 어떤 존재인지 뼛속까지 잘 아시는 분이기 때문이다. 타락한 인간에게 '믿음'을 요구하지만 그 믿음마저 어느 순간 흔들리고 변덕스러울 수 있음을 누구보다 잘 아신다. 그래서 하나님은 그런 인간들을 믿어주시는 믿음, 그 분의 믿음으로 우리를 구원하신다.

한국에 대략 6만 개의 교회가 있다고 한다. 그럼 6만여 명의 목사가 있을 것이다. 그런데 이들이 주일마다 매번 복음만 전한다고 생각하는가? 어떤 이들은 쓸데없는 정치 이야기, 신변잡기 이야기, 뜬구름 잡는 이야기를 한다. 그런 설교를 듣고 있는 교인의 마음에 진정한 감동과 은혜가 있을까? 그저 수십 년간 거룩한 분위기에 학습되어 온 교인들이 대부분이지 않나. 우리나라 교인들에게 복음이라는 것은 '자유함 혹은 자유'라는 개념보다 지켜야 할 새로운 규율에 가까웠다. 그러다 보니 강단에 서는 목회자는 무조건 거룩해야 하고, 거룩하게 살아야 한다는 단편적인 생각이 많았다. 심지어는 목회자가 아내와 성관계를 자주하는 것조차 죄가 아닌가라는 분위기가 있었다. 그러다 보니 강단은 감성보다 이성(理性)을 더 중시했으며, '할 수 있다! 혹은 해야 한다!'라는 의무와 의지에 대한 강조만이 난무하였다.

그런데 인간은 감성의 동물이다. 인간은 프로이트가 말한 것처럼 초자아, 즉 슈퍼이고(super ego)가 강한 만큼 슈퍼이드(super Id)도 강해지는 법이다. 기독교는 대체적으로 인간의 본능, 특별히 성욕이나 공격성에 대해 엄격한 태도를 취해왔다. 본능을 억압하는 것은 문명만이 아니라, 그 문명 뒤에 숨어있는 종교의 엄격함에 기초해 있다. 그런데 미셸 푸코가 말한 것처럼 도덕이나 윤리들이 사회적 구조를 유지하기 위한 보이지 않는 권력의 미시적 장치는 아닌지 냉정하게 돌아볼 필요가 있다.

하나님은 청교도들의 엄격한 생활과 마녀사냥, 금주령, 여러 가지 금기들에 대해 어떻게 평가 하실까. 하나님은 광야로 탈출한 애굽의 노예들에게 일주일에 하루는 안식하고 쉬라는 평안의 계명을 주셨다. 그들은 가나안에 들어가자마자 이 계명을 지키려고 수많은 규율과 예법 등을 만들었다. 안식일에 지켜야 할 계율이 예수님 당시에 600가지가 넘었다고 한다. 움직이면 죄가 되는 것이다. 이게 인간이다. 하나님이 "쉬라" 하시면 그냥 쉬면 되는 것이다. 신은 자유를 주었는데, 인간은 종교를 만들어 놓고 강박을 만들고 말았다. 그래서 신의 은총을 가장 위배하는 것은 바로 인간이 만들어낸 종교성이다. 인간은 스스로의 종교성으로 자승자박한다. 인간만이 종교를 만들고, 그 종교에 묶여 산다. 종교도 일종의 놀이(play)다. 거룩한 놀이가 종교다.

인간은 재미있게 놀다가도 옷매무새를 가다듬고 폼을 잡으며 의례를 행해야 하는 이상한 습성을 지닌 존재다. 그것이 거룩은 아니라는 것이다. 거룩은 하나님의 것이다. 사람에게 거룩은 없다. 우리가 거룩을 추구하고, 거룩한 삶을 추구하긴 하지만 우리에게 거룩은 없다. 거룩에 대한 지향성이 있을 뿐이지, 그로 인해 우리가 거룩해지는 것은 아니다. 거룩은 하나님의 속성이며, 하나님의 은총이다. 우리나라 교인들은 그저 거룩을 몸으로 체득한 것이 아니라, 거룩을 학습 받아온 게 대부분이었다. 마치 날뛰는 원숭이를 오랜 기간 길들여 날뛰지 않는 모습으로 길들인 것과 같다. 그게 과연 거룩일까. 하나님이 그런 거룩을 기대하실까.

거룩의 순우리말 어원은 '갸륵'이다. 하나님은 우리를 갸륵히 보신다. 그래서 하나님은 거룩하시다. 거룩은 외딴 곳에 떨어져 있는 신성이 아니라, 인간의 연약함을 공감하시는 신의 갸륵함에서 비롯된 개념이라는 것이다. 신은 인간의 강함보다 인간의 약함에 더욱 가까이 계신다. 인간 내면에서 가장 약한 부분은 인간의 감성이다. 인간의 감성만큼 가장 연약한 부분이 어디 또 있겠는가! 감성만큼 연약한 의지가 있지만 말이다.

주일마다 많은 교회에서 오전 예배를 드린다. 어느 교회는 비대면으로, 어느 교회는 대면으로 성가대의 찬양과 묵도의 시간이 있을 것이다. 그리고 사람들은 그런 시간을 거룩의 공간으로 들어간다고 믿고 한 주간에 지은 죄가 많아 자책감을 갖고 예배에 임할 것이다. 늘 그렇게 예배했기에 그렇게 예배해야 한다고 생각할 것이다. 하지만 나는 사회자가 "자, 여러분 하나님께 예배드리겠습니다"라고 하면 청중이 다 일어나 기립박수를 치며 "하나님 사랑합니다! 하나님 감사합니다. 하나님 찬송합니다. 하나님 최곱니다!"라고 외치며 가장 기쁜

찬송으로 예배를 시작하고 싶다. 엄숙주의와 예배 중에 흐르는 무거운 정적을 확~ 깨뜨리고 싶다. 『재미없어 짜증 난 하나님』이라는 책에 이런 대화가 나온다.

한 주일학교 어린이가 예배시간만 되면 친구랑 속닥거린다. 만날 선생님에게 혼난다. 어느날 하나님이 찾아오셔서 아이에게 물으신다. "얘, 넌 왜 예배시간만 되면 그렇게 떠드니?" 아이가 말한다. "아우 하나님 말도 마세요. 예배가 너무 지루해요. 재미가 없어요." 그러자 하나님이 심각한 표정을 지으며 이렇게 말씀하셨다. "얘, 나도 하나님이 아니면 여기 안 오고 싶구나. 나도 지루해 죽겠다. 왜 이렇게 나를 대해야 한다고 생각하는지 나도 참 이해할 수 없구나."

재미있고 행복하며 창조적으로 살자. 소확행(小確幸, 일상에서 느끼는 작지만 확실하게 실현할 수 있는 행복. 또는 그러한 행복을 추구하는 삶의 경향)을 갖고 살자. 그게 하나님이 우리에게 주신 가장 큰 사명이라 생각한다. 나머지는 그런 행복 속에서 행해지는 사명이어야 한다.

## 15

# 그게
# 네 믿음인 줄 알아?

　성경에 믿음으로 구원 받는다는 말씀이 있다. 그런데 이 '믿음'에 대한 오해가 너무 크다. 결론부터 말하자면 이 믿음은 인간의 의지(will)로서의 믿음이 아니다. 구원이 인간 믿음에 의해 좌지우지된다면 믿음이 있을 때는 구원을 받고 믿음이 흔들리거나 사라지면 구원도 같이 사라진다는 말인데, 그게 하나님이 말씀하신 믿음인가? 상담을 하다 보면 이런 질문을 자주 받는다. 구원을 위한 믿음은 내 믿음이 아니라, 믿음 없는 나를 끝까지 믿어주시고 인내하시며 다듬어 가시는 하나님의 믿음이다. 다시 말해 그런 나를 '믿어주시는' 믿음이라는 말이다. 그러니 믿음이 없는 자에게도 하나님은 구원의 조건인 믿음을 주신 것이며, 믿음 있는 자에게는 그 믿어주신 은혜로 구원을 받은 것이며 받게 되는 것이다. 즉, 구원을 완성하며 이루어가는 것이다. 하나님의 은혜가 우리를 그렇게 이끄신다는 말이다. 이렇게 받아들이면 더 이상 내가 만든 믿음, 내가 쥐어짜듯 믿어 보려는 그런 믿음이 아님을 알게 된다.

중학교 시절 예수님을 나의 주님으로 영접한 기억이 있다. 그 당시에는 신앙과 성경을 잘 몰랐기에 나는 구원이라는 것이 '하나님의 은혜(99) + 나의 믿음(1) = 구원(100)'이라고 생각했다. 그러나 신학을 깊이 공부하고 은혜를 체험하면서 내가 믿는다는 그 1의 믿음조차도 사실은 하나님이 은혜로 믿게 해주시는 은혜의 믿음이지, 내 의지(will)로서의 믿음이 아니라는 것을 깨닫게 되었다.

어떤 사람은 '다른 사람에게는 믿어 주시는 믿음을 주시면서 나에게는 그런 믿음을 주시지 않는가?'라며 원망한다. 그건 오해다. 큰 오해다. 하나님은 모든 사람을 믿어 주신다. 그리고 믿음의 자리로 나아오길 기다리신다. 그러나 이런 말에 짜증을 내는 신앙인들도 적지 않다. 이런 사람들 대부분은 간절히 기도했는데도 아무런 응답이 없는 하나님에 대해 실망하고 낙심하고 지친 이들이다. 오죽하면 그랬을까 싶다. 그들에게 "왜 너는 믿음이 없느냐"고 다그치실 하나님이 아니라는 말이다. 하나님은 인간이 선악과를 먹는 순간 그 독 기운이 전인(영, 혼, 육)에 퍼져 더 이상 스스로의 능력으로 하나님이 정하신 의의 기준에 도달할 수 없음을 정확히 보신 것이다. 그래서 사람이 선해도 선한 죄인이요, 덕을 쌓아도 덕 쌓은 죄인이요, 깨달아도 깨달은 죄인이요. 악하면 악한 죄인이요, 쓰레기 같은 죄인이면 쓰레기 죄인으로 살다 죽을 것이다. 하나님의 기준으로 볼 때 자기 행위나 사유로 스스로를 의롭다 할 자가 세상에 하나도 없다고 하신 것이다. 걸레는 빨아도 걸레요, 삶아도 걸레다. 인간도 그렇다. 인간을 너무 부정적으로 보는 것 아니냐고 할지 모르나 사실이다. 문자를 사용했다는 지난 6천 년 세계사만 봐도 인간이 인간에 대해 어떤 짓을 하고 여기까지 왔는지 알 수 있다.

세계가 고통받고 있는 코로나가 어디서 누구로부터 왜 생겨났는지 정확히는 모르지만, 그것이 인간의 손에 의해 시작되었다는 것은 정설인 것 같다. 분명한 건 인간이 감당하기 어려운 대부분의 고통들은 인간이 만든 결과물이다. 하나님이 인간에게 억지로 고통을 만들어 주신 적은 단 한 번도 없으시다.

하나님은 인생들에게 믿음을 요구하신다. 그러나 그 믿음을 요구하시면서도 하나님은 인간이 얼마나 연약한 존재인지 절감하신다. 그래서 인간이 하나님을 먼저 믿도록 하신 것이 아니라, 하나님이 먼저 인간을 믿어주신 것이다. 믿는 도끼에 발등 찍힌다 하였는데 하나님은 당신의 발등에 도끼질을 한 인간들을 저주하지 않으셨다. 십자가에 하나님의 아들을 매달아 못 박는 도끼질 말이다. 그러나 하나님은 그럴 줄 아셨다. 그럼에도 하나님은 인생들을 기다려주고 속아주며 믿어주셨다. 하나님은 인생이 아니셔서 그 인내하심이 대단하시다. 그리고 결국 그 인내하심이 승리한다.

우리가 착각하는 것 중 하나가 우리가 어떤 행위적 잘못을 해서 하나님이 우리를 죄인이라고 한 줄 안다. 죄인이라는 의미는 죄를 지어서(Doing) 죄인이라는 의미가 있지만, 동시에 죄를 짓지 않는다고 해도 삶의 유한성을 지닌 인간이 무한한 하나님을 뵐 적에 느끼는 왜소하고 초라한 피조물적 고백이 바로 "저는 죄인입니다"이다. 인생은 결국 하나님의 은혜와 인간의 죄의 싸움이며 줄다리기이다. 그런데 인간이 이기는 듯 싶지만 늘 하나님이 승리하신다. 은혜가 이긴다. 나 같은 자를 그래도 끝까지 포기하지 않으시고, 믿어주시는 하나님의 그 믿음(바울은 디모데전서에서 그 믿음을 미쁘신 믿음이라 칭했다)이 결국은 승리한다는 말이다. 그래서 그런 의미에서 사람은 믿음으로 말미암아 구원을 얻는 것이다.

믿음으로 의롭다 하심을 얻고, 믿음으로 구원을 얻고, 믿음으로 믿음에 이르는 것이다. 그러니 아무 걱정 말라. 믿음이 없다 해도 아무 걱정할 것이 없다. 하나님의 고집을 꺾는자를 이제껏 본 적이 없다. 그 분의 고집의 다른 표현은 '영원'이다. 하나님은 영원히 은혜의 고집을 부려 우리를 구원하신다. 내가 믿는 게 아니다. 그분이 나를 믿어주신다. 내가 어떤 인간인 걸 너무나 잘 아시면서도 그러하시니, 그런 믿음을 주시는 하나님 아버지께 모든 영광을 돌리는 것이다.

# 16

## 신앙의 체험까지
## 학습시킬 수는 없다

분석심리학자 칼 융은 항상 자신의 심리학이 이론이나 주지화로 치우칠 것을 경계하였다. 융은 자신의 심리학을 경험에서 우러나오는 심리학이라 하였다. 예를 들자면 그림자 원형을 머리로만 배우지 말고 직접 자기 내면을 들여다보라는 것이다. 무엇을 그토록 억압하고 보고 싶어하지 않았는지, 어떤 사람을 보면 지독한 짜증과 분노가 나는지, 그런 '투사' 반응을 통해 자신이 현재 숨기고 싶은 어두운 내면의 에너지가 무엇인지를 직면해 보라고 말한다.

융의 분석심리학만 그런 것이 아니다. 하나님의 은혜도 마찬가지

이며, 기독교 신앙의 핵심이라 할 수 있는 십자가와 예수 부활의 사건도 같은 이치다. 많은 목회자들이 사도 바울의 신학을 배우려고 공부한다. 그런데 바울 신학의 핵심이라 할 수 있는 다마스커스(다메섹)의 회심 사건에 대해서는 연구만 할 뿐, 부활하신 그리스도를 만나고자 몸부림쳐 본 적이 없다는 것이 문제다. 기독교 신앙은 가르쳐야만 알 수 있는 것이 있고, 가르쳐도 알 수 없는 것이 있다. 성령의 충만이나 마음이 뜨거워지는 회개는 아무리 가르쳐도 알 수 없다. 그것은 스스로 하나님을 부르짖으며 기도하면서 온몸으로 체험해야 할 차원이기 때문이다.

1970년대 내가 아주 어린 시절에 교회마다 기도의 불이 붙던 시절이 있었다. 그 시절에는 새벽기도를 나가면 가장 늦게까지 기도하고 싶어 기도의 경쟁을 하기도 했다. 예배가 끝나면 30분 이상 기도하고 돌아오는 분위기가 서로 약속이나 한 것처럼 그렇게 지속 되었다. 그 결과 한국교회는 엄청난 부흥을 맞이 했다. 그 당시 한국교회가 지금처럼 시설이 잘 갖춰진 교회가 있었던 것도 아니고, 교육의 내용이 특별히 좋은 것도 아니었다. 그럼에도 뜨거웠고, 그럼에도 살아 있었고, 그럼에도 부흥이 되던 시절이었다.

그러다가 어느 순간부터 성경공부와 제자훈련, 찬양이 유행처럼 번지면서 이상하게 기도의 동력은 힘을 잃게 되었다. 심지어는 기도하며 체험해야 할 은혜의 영역마저 배움의 영역으로 변질시키고 말았다. 체험해야 할 영역을 배움의 영역으로 대치시킬 수는 없다. 체험하여 깨달아야 할 것을 배운다 하여 깨닫는 것은 아니다. 그저 모든 것을 배워서 지식화시키려는 행동은 신앙의 생명력을 말살하는 행동이다. 결국 선악과를 먹은 인간은 무언가를 하나 더 '아는' 것으로 만족하려 하기 때문이다. 그러나 앎은 생명을 대신하지 못한다. 선과 악을 알게 하는 앎만으로는 생명을 얻지 못한다. 생명나무의 체험을 하지 못하고서 영생을 논할 수 없는 것이다.

교회마다 강단에 커다란 변화가 일어나야 한다. 하나님의 은혜를 교회나 목회자가 100% 가르쳐 줄 것이라는 기대를 완전히 포기하게 만들어야 한다. 나는 가는 교회마다 이런 말을 한다.

"여러분들이 교회나 목회자에게 진리의 100%를 기대하면 안 됩니다. 아무리 훌륭한 교회나 설교자라 해도 진리의 50%를 전합니다. 나머지 50은 여러분들이 구도자의 마음을 갖고 하나님을 직접 만나야 합니다. 기도로 만나고, 말씀으로 만나고, 은혜로 만나고, 성령으로 만나야 합니다. 여러분이 목회자에게 진리의 100을 기대한다면 그건 목회자를 우상으로 만드는 겁니다. 목사를 예수로 만드는 겁니다. 아브라함과 이삭과 야곱의 하나님이 있다면 여러분의 하나님도 있는 겁니다. 목회자는 바로 여러분 각자의 하나님을 말씀 안에서 발견할 수 있도록 가이드하는 사람입니다. 그 하나님을 직접 만나세요. 진리는 배워서 얻어지는 것이 아닙니다. 내 몸과 내 마음, 내 영혼으로 직접 체험해서 얻는 겁니다!"

이 소신에 결코 변함이 없다. 배워서 아는 은혜와 배워서 아는 하나님은 주지화된 지적(知的)으로 이해된 하나님이다. 그러나 체험해서 아는 하나님은 전인적으로 나를 변화시키는 하나님이다. 감동을 배우려고 하면 감동되지 않는다. 감동을 체험하려 하면 감동도 배우고 감동도 깨닫는다. 감동은 배우는 것이 아니라 체험하는 것이다.

유머를 분석해보면 그 속에 웃을 일이 하나도 없음을 알게 된다. 유머는 듣고 순간 웃기 위해 존재한다. 감동도 이와 같은 이치다. 누군가 "하나님은 영원한 동사"라고 말한다. '하나님'이라는 명사가 아니라 끊임없이 움직이고 역사하시며 사건을 만들어내시는 분이라는 말이다. 10만 볼트 전깃줄을 잡으면 내 몸이 가만 있겠는가? 번개를 맞으면 내 몸이 아무 변화가 없겠나? 그 번개 같은 불이 내 심령을 때릴 때 비로소 변화가 오는 것이다. 사람을 변화시키는 건 지식이 아니라 영이다. 영의 강렬한 꿈틀거림이 내 마음을 파고들도록 나를 여는 작업이 기도의 노동이다. 부르짖는 기도, 간구하는 기도, 그래서 하늘의 비밀함을 담은 그런 엄청난 기도 말이다. 이 엄청난 기도가 우리 모두를 엄청나게 변화시킬 것이며, 그럴 때 우리 내면에는 이제까지 접해보지 못한 강력한 자신감으로 넘쳐날 것이다. 여기 100만 볼트가 흐르는 전깃줄이 있다. 기도줄 말이다. 그 기도줄을 붙잡고 기도해 본 적은 있기나 한 건가? 잡아보지 않은 자는 말을 하지 말라! 그 줄에 살짝 데여본 사람이 나다. 살짝 데고도 이렇게 살아왔는데, 그 줄에 붙들리면 엄청난 일들이 생긴다. 나는 그 줄을 절대로 놓지 않는다.

기독교는 불의 종교다. 불은 모든 걸 가만 놔두지 않는다. 아무 변화가 없다면 불이 안 뜨거워서가 아니라 우리 마음이 돌처럼 굳어서이다. 우리 마음이 얼음처럼 차가운 것이며, 더욱더 기도줄을 잡아본 적이 없기 때문이다. 이게 진정한 기독교 신앙의 살아있는 증거다.

많은 사람들이 하나님은 존재하지 않으며, 혼자의 힘으로 살 수 있다고 말합니다. 하지만 하나님은 우리를 만드셨고, 우리를 통해 많은 일을 하십니다. 우리의 존재 자체가 하나님의 큰 은혜이며, 선물입니다.

하나님을 떠나 사는 이들이 너무 많습니다. 깊은 신앙을 가졌던 이들조차도 하나님의 은혜를 잊은 채 자기 중심적으로 살고 있습니다. 내 삶은 그 누구도 간섭할 수 없음을 강조하며, 세상의 많은 유혹에 휩쓸려 살아가고 있습니다.

하나님을 신실하게 믿었던 기독교인이라면 뜨거웠던 하나님과의 첫사랑을 기억할 것입니다. 하지만 지금은 어떤가요? 다른 사람의 이야기처럼 변해버린 과거의 경험담에 불과한 삶을 살고 있진 않은가요?

하나님은 언제나 그 자리에 계시며, 우리가 돌아오기만을 바라고 계십니다. 하나님께 돌아갈 수 없을 것만 같은 당신에게도 환한 미소로 손을 내밀고 계십니다.

삶에 희망이 없고, 살아갈 힘이 없나요? 하나님은 이런 당신에게 큰 위로와 용기를 주길 원하십니다.

**돌아온탕자**는 하나님을 떠난 이들을 하나님께 인도하는 푯대 역할을 합니다. 믿음을 잃은 이들에게 하나님의 사랑을 전하는 문서 선교의 중심입니다.

---

**돌아온탕자**는 교도소, 고아원 등을 후원합니다. 단 한 명이라도 하나님께 인도하기 위해 최선을 다하는 하나님의 기업이 되겠습니다.